SUPPLÉMENTS

TROISIEME, QUATRIEME ET DERNIER

AUX SIX VOLUMES

DE RECUEILS

DES MÉDAILLES

DE ROIS, DE PEUPLES

ET DE VILLES, &c;

Avec une Table relative à ces deux derniers Suppléments.

TROISIEME

TROISIEME
SUPPLÉMENT
AUX SIX VOLUMES
DE RECUEILS
DES MÉDAILLES
DE ROIS, DE VILLES, &c.

PUBLIÉS en 1762, 1763 & 1765.

avec des observations et des corrections

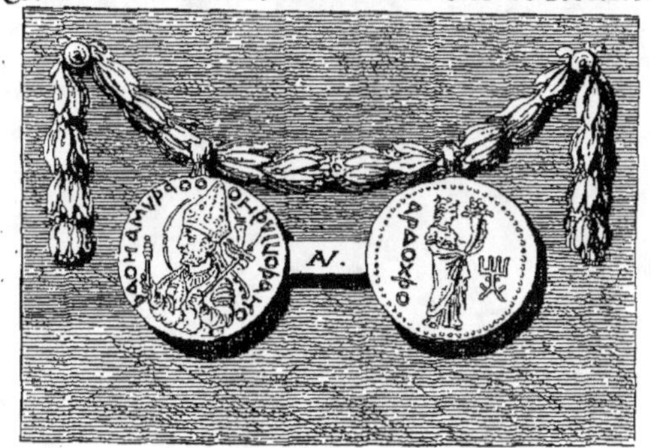

A PARIS,

Chez L. F. DELATOUR, rue Saint Jacques,
à Saint Thomas d'Aquin.

M. DCC. LXVII.

Avec Approbation & Privilege du Roi.

EXPOSITION *de la Médaille rapportée dans le Fleuron du Titre.*

J'AI fait inférer dans ce Fleuron la médaille d'or finguliere qui y eft repréfentée, parce que je ne favois pas en quel rang je pourrois la mettre ; la tête qu'on y voit m'étant auffi inconnue, que les légendes font pour moi inintelligibles. Cette tête doit être de quelque Roi, ou de quelque grand Pontife, à en juger par la magnificence de l'habillement & par la richeffe de la mitre : fa forme terminée en pointe me paroît extraordinaire : je n'en ai pas encore vu de cette forte fur des médailles. Quant aux légendes, je reconnois bien que les caracteres dont elles font compofées, ont la forme des lettres Grecques antiques ; mais ne pouvant tirer aucun fens des mots qui y font contenus, je penfe qu'il fe peut bien que des Peuples barbares s'en foient fervis pour écrire ces légendes en leur langue. C'eft ainfi qu'on trouve plufieurs Livres des Arabes écrits en caracteres Syriaques. Au refte, c'eft aux Savants dans les langues anciennes qu'il appartient d'examiner & d'interpréter cette médaille, & plufieurs autres en différents caracteres inconnus que je rapporte pour eux dans ce nouveau Supplément.

AVERTISSEMENT.

Quand je donnai l'année derniere un fecond Supplément à mes Recueils de Médailles,
je ne penfois pas que je pourrois en acquérir
d'autres qui mériteroient d'y être ajoutées. Celles qui m'ont déterminé à donner encore la
préfente Addition, font des Médailles de Rois
des Parthes. Les époques qu'elles contiennent
m'ont paru propres à confirmer que toutes les
dates qui fe trouvent fur les médailles de ces
Rois, ont pour origine, non la prétendue ere
du commencement de leur monarchie, mais
l'ere appellée communément l'ere des Grecs,
dont les villes Grecques qui ont fait frapper ces
médailles fe fervoient pour compter leurs années. Ces Médailles des Rois des Parthes m'ont
conduit à en publier d'autres des Rois de Perfe
que j'avois négligées, parce que leurs légendes
font compofées de caracteres inconnus, & que
rien n'y indique d'ailleurs quels font les Rois
qui y font repréfentés. Mais j'ai fait réflexion

qu'en les expofant aux yeux des Savants en langues orientales, ils pourroient peut-être reconnoître ces caracteres, & conféquemment interpréter les légendes qui en font compofées. Il en réfulteroit un accroiffement de connoiffances pour l'Hiftoire & pour la Littérature. Dans la même vue, je donne pareillement d'autres Médailles en caracteres inconnus; & conformément au plan que j'ai fuivi jufqu'à préfent par rapport aux Médailles de Rois, de Villes & d'Empereurs Romains qui n'ont point été publiées, j'en préfente encore plufieurs de cette efpece que j'ai nouvellement acquifes. Je les accompagne, comme je l'ai fait jufqu'à préfent, d'obfervations qui ne déplairont pas, à ce que j'efpere, aux amateurs de l'antiquité.

QUELQUE attention que j'aie apportée à la lecture des Médailles que j'ai données jufqu'à préfent, il m'eft arrivé à l'égard de quelques-unes qui n'étoient pas parfaitement confervées, de tomber dans les méprifes qu'on reproche à la plupart des Antiquaires. J'ai déja fait l'aveu dans le premier Supplément de celles de cette efpece que j'ai reconnu avoir commifes. Parmi un affez grand nombre de Médailles qui me font venues d'Italie depuis peu, il y en a plufieurs de la ville d'*Hipponium* avec la légende ΕΙΠΟ-ΝΙΕΩΝ, qui m'ont fait voir que c'eſt à cette ville qu'appartient celle que j'avois attribuée à la ville de *Sipuntum*, Tome I, Pl. ix. N°. 48. J'y avois lu ΣΙΠΩΝ. au lieu d'ΕΙΠΩΝ, parce que la premiere lettre ε avoit pris la forme d'un Σ par quelque coup, ou par d'autres accidents auxquels ne font que trop fujettes les Médailles d'une auffi haute antiquité.

La mémoire, & peut-être une fauffe préven-tion, m'ont trompé, quand, page 78 du fecond Supplément, à l'occafion de deux Médaillons frappés à Sardes, fur lefquels *Annius Rufus* eſt marqué Archonte pour la troifieme & pour la quatrieme fois, j'ai dit que je ne connoiffois point de Médailles d'autres villes où il foit mar-qué qu'aucune Magiftrature eût été exercée plus de deux fois par la même perfonne. J'en ai rapporté moi-même qui font voir le contraire. Je devois dire feulement que les exemples en étoient rares.

J'ai auffi reconnu dans le fecond Supplément quelques autres méprifes, ou fautes d'impreffion, dont je crois devoir avertir ici les lecteurs. A la page 46, lignes 19 & 20, au lieu de *neveu*, il faut lire *petit-fils*; & à la page 71, il faut pareillement lire *Caïque* au lieu de *Cayftre*.

Dans le Tome II du Mélange, page 57, ligne 4, ΟΛΥΜΠΟΝ ; *lifez* : ΟΛΥΜΠΙΟΝ.

APPROBATION.

J'ai lu, par ordre de Monfeigneur le Chancelier, le Manufcrit qui a pour titre : *Troifieme Supplément aux fix Volumes de Recueils des Médailles de Rois, de Villes, &c.* Il m'a paru auffi curieux & auffi intéreffant que les précédents. A Paris ce 11 Novembre 1766.

BELLEY.

Le Privilege fe trouve à la fin du feptieme Volume.

TROISIEME

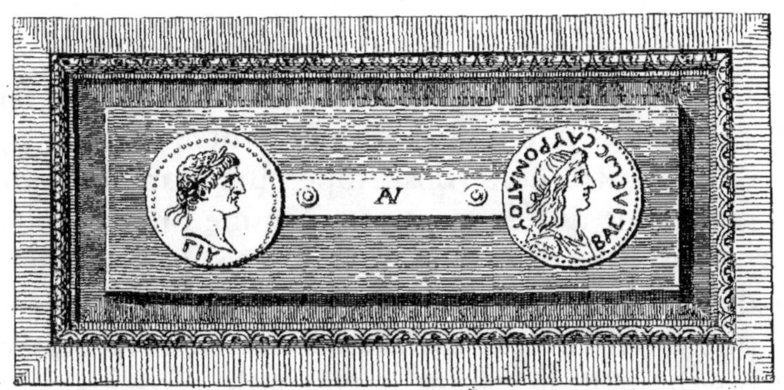

TROISIEME
SUPPLÉMENT
AUX SIX VOLUMES
DE RECUEILS DES MÉDAILLES
DE ROIS ET DE VILLES, &c.
PUBLIÉS EN 1762, 1763 ET 1765.

ROIS DU BOSPHORE CIMMÉRIEN.

Dés le commencement de ce siecle plusieurs Savants s'étoient occupés à tâcher de découvrir en quel temps a commencé l'ére des rois du Bosphore Cimmérien. Ils avoient employé pour cela les autorités des Auteurs anciens, & sur-

III. Supplément.   A

tout les dates qu'on voit fur les médailles de ces Rois, où leur tête eft repréfentée d'un côté, & de l'autre celle des Empereurs Romains qui régnoient de leur temps. Comme on ne connoiſſoit alors que fort peu de ces fortes de médailles, elles n'avoient pas ſuffi apparemment pour mettre ces Savants en état de déterminer précifément le commencement de cette ére, de forte qu'ils fe font partagés en diverfes opinions. Le nombre des médailles s'étant accru depuis par les découvertes & par les recherches qui en ont été faites, le P. Frœlich & Cary ont travaillé en 1762, l'un à Vienne en Autriche, & l'autre à Marfeille, à éclaircir cette matiere. Sans s'être concertés, ils font parvenus, par des voies différentes, à trouver que cette ére eft de l'année de Rome 457. Ils ont fait ufage entre autres d'une médaille de Sauromates II qui contient une date de l'année ΓΙΥ. 413. avec la tête de l'empereur Hadrien. Cette date leur a fervi à connoître d'abord que l'ére ne pouvoit être antérieure à l'année 457 de Rome, parce qu'en ajoutant à 457 les 413 de la date de la médaille, le produit eft 870, qui étoit l'année en laquelle Hadrien parvint à l'Empire. C'eft par des inductions tirées des dates d'autres médailles qu'ils ont auffi trouvé que l'ére n'étoit pas poftérieure à l'année 457. Quelque juftes que foient ces inductions, la médaille que je préfente dans la vignette ci-deffus prouve encore d'une façon plus certaine que l'ére en queftion eft de cette année. C'eft auffi une médaille de Sauromates II qui, comme on le voit, repréfente au revers la tête de Trajan, qui y eft très-reconnoiffable, avec la même date ΓΙΥ. 413. que contient celle où la tête d'Hadrien eft repréfentée. De la même date de ces deux médailles, qui tombe en l'année 870 de Rome, dans laquelle, comme l'on fait, Trajan mourut le 8 du mois d'Août, & Hadrien fut proclamé Empereur trois jours après, il eft démontré inconteftablement que l'ére des rois du Bofphore Cimmérien n'a pu commencer ni avant, ni après l'année de Rome 457, qui étoit la 296ᵉ. avant l'ére Chrétienne.

SAUROMATES II.

En même-temps que j'ai acquis la médaille d'or de Sauromates, dont je viens de faire mention, il m'en eft venu une troifieme d'Afandre, qui eft datée de l'année 15. 16ᵉ. de fon regne. Je me contente de la citer, parce qu'elle reffemble d'ailleurs aux deux autres que j'avois déja avec les dates Z & IΔ, lefquelles ont été rap-

ASANDER.

portées par Cary, dans l'Hiſtoire qu'il a donnée des rois du Boſphore.

ROIS DES PARTHES.

PLANCHE
I.

PARMI une aſſez grande quantité de médailles de rois des Parthes que j'ai acquiſes
nouvellement, il s'en trouve pluſieurs qui, par
leur ſingularité, m'ont paru mériter d'être ajoutées à celles que j'ai déja données dans mon
Recueil de Médailles de Rois, & dans le Tome
I du Mélange.

N°. 1.

La premiere médaille de cette planche, qui
a pour légende ΒΑΣΙΛΕΩΣ. ΜΕΓΑΛΟΥ. ΑΡΣΑ-
ΚΟΥ. eſt ſemblable par la coëffure de la tête,
par le type du revers, par la matiere, par la
forme & par la fabrique, à la médaille que j'ai
attribuée à Arſace I, fondé ſur les raiſons que
j'en ai rapportées, auxquelles le Lecteur trouvera bon que je le renvoie. La ſeule différence
entre ces deux médailles conſiſte dans les légendes. On ne voit que ΒΑΣΙΛΕΩΣ. ΑΡΣΑΚΟΥ.
ſur la médaille d'Arſace, fondateur de la Monarchie des Parthes, parce qu'il ne prit que le

v. lettre 11 p. 91.

ſimple titre de Roi à l'exemple des ſucceſſeurs immédiats d'Alexandre le Grand, dans le partage qui fut fait de tous les pays qu'il avoit conquis. Le titre de ΜΕΓΑΛΟΥ qui ſe trouve de plus ſur cette médaille-ci, fait voir qu'elle eſt indubitablement d'Arſace II, qui s'appelloit auparavant Tiridate. Il prit le nom d'Arſace ſon frere en lui ſuccédant ; nom qui fut adopté pareillement par tous les autres rois des Parthes. C'eſt cette uniformité de nom ſur leurs médailles qui cauſe tant de difficulté à diſtinguer quels ſont ceux de ces Rois à qui elles appartiennent, quand elles ne contiennent point des époques, ou d'autres marques propres à les faire reconnoître. Les différents titres qui y ſont joints au nom d'Arſace ne ſuffiſent pas toujours pour les faire diſtinguer les uns des autres, tant parce qu'ils les changeoient ou les accumuloient ſuivant les occurrences, que parce que l'on trouve que pluſieurs Rois ont pris les mêmes titres. Mais quoique celui de ΜΕΓΑΛΟΥ ait été donné à d'autres qu'à Arſace II, il eſt néanmoins évident que cette médaille lui appartient ſûrement. Le pays dont Arſace I s'empara après ſa révolte contre Antiochus II, roi de Syrie, qui poſſédoit alors

Planche
I.
N°. I.

Arsaces II.

la Parthie, n'étoit pas d'une grande étendue, & il ne fit rien d'ailleurs qui put lui procurer le titre de ΜΕΓΑΛΟΥ. Aussi Arsace II fut-il le premier qui, suivant Arrien, mérita par ses conquêtes que ce titre lui fût donné. J'ai dit pourquoi Arsace I a été représenté sans barbe tandis que presque tous les autres rois des Parthes se voient avec de la barbe sur leurs médailles. Arsace II n'avoit pas apparemment laissé croître la sienne durant le regne de son frere, qui ne fut pas de trois ans entiers; & si c'est à lui qu'appartient la médaille que j'ai donnée où il est représenté avec de la barbe, & avec le titre d'ΕΠΙΦΑΝΟΥΣ, joint à celui de ΜΕΓΑΛΟΥ, on peut juger, par rapport à la barbe, qu'il ne se fit plus raser après être parvenu à la royauté, soit que ce fût un usage chez les Parthes de porter de la barbe, soit que dans leur opinion elle rendît plus respectables ceux qui en portoient. Il paroît même par les médailles de plusieurs des Rois suivants, qu'elle faisoit partie de l'ornement de leurs personnes, & qu'ils employoient l'art pour l'arranger avec symmétrie. A l'égard du titre d'ΕΠΙΦΑΝΟΥΣ qui est ajouté sur cette autre médaille, il y a pareillement lieu de croire que dans les

viciſſitudes auxquelles Arſace II fut expoſé
durant les 37 ans qu'il régna, il ſurvint des
événements qui lui firent donner ce dernier titre outre celui de ΜΕΓΑΛΟΥ. Mais ſi ces deux
titres peuvent être attribués au mérite de ſes
actions, & aux circonſtances de ſon regne, la
plûpart des autres titres & des ſymboles qui
ſont ſi variés & ſi multipliés ſur les médailles
de ſes ſucceſſeurs, n'ont eu pour origine que
la flatterie, l'intérêt, la vanité ou la politique
de ces Princes. La médaille ſuivante préſentée
ſous le N°. 2. en fournit un exemple.

Elle a pour légende ΒΑΣΙΛΕΩΣ. ΒΑΣΙΛΕΩΝ.
ΑΡΣΑΚΟΥ. ΕΥΕΡΓΕΤΟΥ. ΔΙΚΑΙΟΥ. ΕΠΙΦΑΝΟΥΣ.
ΦΙΛΕΛΛΗΝΟΣ. Je ne m'arrêterai point à la ſignification de tous ces titres, qui ont été ſuffiſamment expliqués par les Antiquaires, ainſi que
le type qui eſt au revers, & les étoiles qu'on
voit avec un croiſſant autour de la tête du Roi
qui eſt repréſentée de l'autre côté. Je me borne
à faire voir que le capricorne qui eſt gravé ſur
ſa poitrine, déſigne évidemment que cette médaille ſinguliere, & une autre toute ſemblable
que j'avois déja, appartiennent à Phrahate IV,
& que c'eſt à lui par conſéquent que doivent
être attribuées toutes les autres médailles qui

PLANCHE
I.
N°. I.

N°. 2.

PHRAHATE
IV.

se trouvent avec la même légende & avec la même tête sans le symbole du capricorne. Pour peu qu'on soit instruit de l'Histoire Romaine, on sait qu'Auguste étoit né sous ce signe du Zodiaque, & qu'il attribuoit à son horoscope tout ce qui lui étoit arrivé d'heureux jusqu'à son élévation à l'Empire, ce qui le porta à faire représenter dans son cachet, & sur des médailles en tous métaux, un capricorne, auquel on ajouta ensuite la corne d'Amalthée, pour marquer que ce signe étoit le symbole de la prospérité & de l'abondance. De là diverses Colonies, & plusieurs villes Grecques, le firent aussi représenter sur leurs monnoies. On le voit sur d'autres dont la légende est en caracteres Africains, & on le trouve pareillement pour type au revers des médailles de plusieurs Empereurs, & de quelques Rois. Mais s'il a été mis sur ces dernieres pour symbole de la félicité & de l'abondance, ce ne peut être pour marquer la même chose que Phrahate l'a fait graver sur sa poitrine dans les deux médailles en question. Il n'y a pas lieu de douter que ce n'ait été pour montrer les sentiments de son cœur & quels étoient son attachement & sa vénération envers Auguste. C'est ce que Tacite a exprimé en ces termes,

mes, *Cuncta venerantium officia ad Augustum verte-*
rat. Ce passage d'un Auteur aussi véridique, que
l'étoit Tacite, suffit pour la preuve de mon opinion, sans qu'il soit besoin que je dise tout ce
que fit Phrahate pour plaire à Auguste. Il lui
renvoya d'abord sur sa demande les soldats Romains & les enseignes militaires que les Parthes
avoient pris sur les armées commandées par
Crassus & par Marc-Antoine. Je ne puis m'empêcher d'observer à cette occasion que dans le
grand nombre de médailles diverses qu'Auguste
fit frapper pour cet événement, qu'il regardoit
comme une victoire d'autant plus signalée
qu'elle avoit été gagnée sans livrer aucun com-
bat, il y en a plusieurs qui ont pour type un
capricorne avec la légende *signis receptis.* Phrahate lui envoya ensuite, comme autant d'ôta-
ges, quatre de ses fils avec leurs femmes &
leurs enfants. Il est vrai qu'il en usa ainsi moins
par la crainte des armées Romaines, que par
la défiance que lui inspiroient les dispositions
de ses peuples inconstants & toujours prêts à se
révolter, & à changer de maître pour le moindre sujet de mécontentement. Ils étoient en effet
mécontents de ce qu'après avoir battu l'armée
de Marc-Antoine, & en avoir remporté de

III. Supplément. B

PLANCHE
I.
N°. 2.

Planche
I.
N°. 2.

grandes richeſſes, la paix les empêchoit d'en acquérir de nouvelles. Leur inimitié envers les Romains leur faiſoit auſſi ſupporter impatiemment l'affection que Phrahate témoignoit à Auguſte; & vraiſemblablement pour ne les pas aigrir davantage contre lui, il ne fit frapper des médailles avec le capricorne que pendant peu de temps : c'eſt pourquoi celles de cette ſorte ſont ſi rares. Lorſqu'il fit ſa paix avec les Romains, il étoit dans la 16ᵉ. année de ſon regne, qui fut de 40 ans. On peut juger par-là qu'il fit frapper beaucoup d'autres médailles différentes. C'eſt à lui qu'appartient, ſelon les apparences, celle que Vaillant a attribuée à Mithridate III ; laquelle reſſemble aux médailles qui ont le capricorne, non ſeulement par la tête qui y eſt repréſentée avec une étoile & un croiſſant, mais encore par la légende du revers qui contient à peu près les mêmes titres qui ſont ſur les autres.

Nᵒˢ. 3. 4. 5.

Quiconque jettera les yeux ſur les trois médaillons * d'argent des Nᵒˢ. 3 , 4 & 5, reconnoîtra que les têtes qui y ſont repréſentées ſe reſſemblent entiérement , & qu'ils appartiennent

---

* Le premier de ces médaillons eſt une nouvelle acquiſition. J'ai déja rapporté le ſecond. Le troiſieme a été publié par Vaillant.

par conféquent à un même Roi qui portoit le nom de *Vologefes*. Cette reffemblance des trois têtes ne permet pas d'en douter. Le type du revers eft auffi le même fur les uns & fur les autres. Les légendes n'y font pas entieres, non plus que fur la plûpart des médailles de cette efpece qui ont été publiées avec exactitude; car fouvent les Editeurs fuppléent ce qui manque dans les originaux. L'effentiel eft le nom de *Vologefes*, ΒΟΛΑΓΑΣΟΥ qu'on y lit en tout ou en partie, lequel eft écrit de cette maniere fur les médailles connues des trois Rois des Parthes qui ont porté ce nom. On voit de plus celui du mois Macédonien appellé *Peritius* fur le médaillon du N°. 3, ce qui en augmente le mérite, parce que les médailles où font infcrits des noms de mois font très-rares. On peut voir ce que j'ai marqué fur ce fujet dans mon Recueil de Médailles de Rois, où j'en ài rapporté qui contiennent les noms de trois autres mois. Mais ce qu'il y a de plus remarquable dans ces trois médaillons-ci, ce font les dates qui s'y trouvent, favoir ΓΛΥ. 433. fur le premier, ΓΝΥ. 453. fur le fecond, & ΞΥ. 460. fur le troifieme. Avant que d'expofer les obfervations que j'ai faites fur ces dates, je crois devoir

PLANCHE
I.
N°s. 3. 4. 5.

B ij

rappeller au Lecteur ce que j'ai dit dans le To. I.
du Mélange, pag. 148 & fuiv. au fujet de l'ére
dont font datées les médailles des Rois des Parthes, favoir que cette ére a commencé en l'année
311 avant J. C. & non pas en l'année 256, comme l'ont cru Vaillant & plufieurs autres Antiquaires; d'où il s'enfuit que les dates en queftion
tombent dans les années 122, 142 & 149 de
l'ére Chrétienne, lefquelles répondent aux années 875, 895 & 902 de la fondation de Rome.

Il faut par conféquent que le roi *Vologefes* dont
il s'agit ait régné durant cet efpace de temps.
Cela ne s'accorde point avec l'Hiftoire des rois
des Parthes que les Auteurs modernes ont compofée d'après ce que les anciens en ont dit par
occafion en parlant des guerres & autres événements arrivés fous l'empire Romain. Ces Auteurs modernes font régner *Chofrhoes*, fils de *Vologefes I.* depuis l'an 108 de J. C. jufqu'en 133,
& *Vologefes II*, frere de *Chofrhoes*, depuis 134
jufqu'en 189; de maniere que, fuivant eux,
c'étoit *Chofrhoes* qui étoit roi des Parthes en
l'année 122, dans laquelle tombe la date ΓΛΥ,
433, du premier médaillon de *Vologefes*. Mais
ils n'ont rien trouvé dans l'Hiftoire ancienne
de ce qu'avoit fait *Chofrhoes* depuis 121 jufqu'à

fa mort, qu'ils conjecturent être arrivée en 133.
Il faut qu'ils fe foient trompés dans leur conjecture à cet égard, & que *Chofrhoes* foit mort
avant l'année 122, ou que durant fa vie *Vologefes* fon frere ait pris le titre de Roi, & régné
conféquemment dans quelque contrée de l'empire des Parthes, où les peuples s'étoient révoltés contre *Chofrhoes*. Que la mort de ce Roi
foit arrivée avant 122, ou au commencement
de cette année, il y a lieu de l'inférer non feulement de la date du médaillon en queftion,
mais encore du filence des anciens Hiftoriens,
qui n'ont plus fait mention de lui nommément
depuis l'année précédente 121; fi ce n'eft Spar-
tien qui, parlant du voyage qu'Hadrien fit en
Afie dans l'année 130, dit qu'il invita *Chofrhoes*
à vivre en amitié avec les Romains, & que
pour l'y engager il lui renvoya fa fille que Trajan avoit prife en 114 ou 115; mais il eft reconnu que cet Auteur manque affez fouvent
d'exactitude, & qu'il n'a pas toujours fuivi l'ordre des temps dans fes récits. Hadrien, immédiatement après la mort de Trajan, arrivée au
mois d'Août 117, accorda la paix aux Parthes,
qui rappellerent auffi-tôt *Chofrhoes* que Trajan
avoit chaffé de fes Etats. Il n'eft pas vraifem-

PLANCHE
I.
Nᵒˢ. 3. 4. 5.

PLANCHE
I.
N.ᵒˢ. 3. 4. 5.

blable que cet Empereur qui ne vouloit point avoir de guerre avec aucuns Peuples, & sur-tout avec les Parthes, eût gardé pendant 12 ans la fille de *Chosrhoes* prisonniere, si ce Roi avoit été alors vivant. Il y a encore lieu de juger par-là qu'il étoit mort peu après l'année 117; mais en supposant même que son regne ait été plus long, il se peut très-bien que pendant qu'il étoit en fuite, les Peuples de quelque partie de ses Etats aient élu à sa place *Vologeses* son frere, d'autant plus que dès l'année 111, qui étoit la 4ᵉ. du regne de *Chosrhoes*, ces mêmes Parthes, ou d'autres, s'étoient donné un autre Roi ap-pellé *Monneses*, comme le font voir deux mé-dailles dont je parlerai ci-après. Ces Peuples, qui étoient divisés entre eux, se faisoient la guerre les uns aux autres dès avant le regne de *Chosrhoes*; & leurs divisions intestines avoient continué jusqu'en l'année 115, que Trajan en-tra dans leur pays avec une puissante armée. Quoiqu'il en eût traversé la partie occidentale jusqu'à la mer, ses armes ne furent pas portées dans toute l'étendue de ce vaste Empire, qui, suivant Pline & Solin, étoit composé de dix-huit Royaumes. Tandis que Trajan assujettissoit les contrées éloignées, celles qu'il avoit soumises se révoltoient. Il étoit forcé de disperser ses troupes pour contenir ces Peuples non sub-juguès, ainsi que les autres; & craignant qu'à la fin ils ne vinssent à former des complots, & à lui dresser des embûches dont il auroit eu de la peine à se garantir, il prit le parti de se retirer après leur avoir donné un nouveau Roi, savoir *Parthamaspates*, fils d'un roi d'Arménie, qu'ils ne reçurent pas volontiers. Leur aversion pour lui obligea même Hadrien à le rappeller de chez eux, & à leur laisser la liberté d'être gouvernés par leur Roi, suivant les loix & les mœurs de leur pays. Toutes ces circonstances du regne de *Chosrhoes* font comprendre aisément que dans les troubles qui divisoient les Peuples, ceux qui s'étoient soulevés contre lui, avoient pu porter la sédition jusqu'à se donner d'autres Rois. Si *Vologeses* ne fut pas élu par eux en cette qualité, au moins n'est-il pas douteux qu'ils ne l'aient donnée à *Monneses*, dont on connoît deux médailles; l'une, publiée par Vaillant, est datée de l'année ΥΚΒ, 422; l'autre, qui a été rapportée par M. Mafféi du Cabinet du Maréchal d'Estrées, a pour date ΥΚΕ, 425. Ces deux dates répondent aux années 111 & 114 de J. C. qui étoient la 4ᵉ. & la

Planche
I.
Nᵒˢ. 3. 4. 5.

7ᵉ. du regne de *Chofrhoes.* Or, fuivant le rapport de Dion, il y avoit précifément en ce temps-là des guerres civiles qui avoient diminué les forces des Parthes, ce qui n'empêchoit pas que la fédition ne fubfiftât encore parmi eux. Voici comme il s'exprime en parlant de l'état où ils fe trouvoient en 113. ἅτε κὴ τῆς τῶν Πάρθῶν δυνάμεως ἐκ τῶν ἐμφυλίων πολέμων ἐφθαρμένης ὃ τότε σασιαζύσης. Vaillant, pour faire rapporter la date de fa médaille de *Monnefes* à la prétendue ére de 256 avant J. C. a imaginé qu'il étoit furvenu fous *Vologefes II,* en l'année 165 de l'ére Chrétienne, des troubles qui avoient donné lieu aux rébelles de chaffer leur Roi, & de fubftituer *Monnefes* à fa place. Il convient qu'aucun Auteur ancien n'a parlé de la révolte qu'il fuppofe; & cependant fur le feul fondement de cette médaille, il fait un long récit d'événements arrivés fous le regne de ce Roi inconnu qu'il ne fait durer qu'un an, & qui doit avoir été au moins de trois ans fuivant la médaille citée par M. Mafféi. Pour moi je trouve que fi ces deux médailles font remarquables en ce qu'elles repréfentent un roi des Parthes dont l'Hiftoire ne fait point mention, elles ne le font pas moins en ce qu'elles fervent à prouver par leurs dates que

que la ville, ou les villes, qui les ont fait frap- PLANCHE
I.
N°ˢ. 3. 4. 5.
per, avoient pour ére celle des Grecs, qui avoit
commencé en l'année 311 avant J. C. Il me
refte à obferver, au fujet du médaillon du N°. 3.
qu'il y a derriere la tête de *Vologefes* la lettre
Δ. qu'on n'avoit encore vue que fur celui de
Pacorus, que j'ai donné dans le Tome I. du
Mélange. J'ignore toujours la fignification de
cette lettre ifolée, ainfi que celle des lettres A,
B & Γ. qui fe trouvent placées de même fur plufieurs autres médailles de rois des Parthes en
argent & en bronze. Quant aux deux autres
médaillons de *Vologefes II*, qui font fous les
N°ˢ. 4 & 5, je ne les préfente que pour faire
voir par les dates qu'ils contiennent, & particuliérement par celle de l'année 460, que fon
regne a fini en l'année 149 de J. C. ou en l'année 150, dans laquelle le regne de *Vologefes III.*
a commencé, fuivant un des médaillons de ce
Roi dont je ferai mention ci-après. Vaillant a
prolongé le regne de *Vologefes II*, jufqu'en l'année 188; de forte qu'il l'a fait régner 54 ans.
Il a prétendu que la longueur de fon regne eft
indiquée par celle de fa barbe fur les deux médailles qu'il lui a attribuées. Mais outre qu'on
ne doit pas trop compter fur l'exactitude du

III. Supplément.   C

deſſein qu'il donne de la premiere qui eſt de bronze, & que l'autre, qui eſt d'argent, ne contient rien d'ailleurs qui puiſſe faire connoître à quel Roi elle appartient ; le contraire de ce qu'il dit de la longue barbe de *Vologeſes II.*, eſt démontré par les médaillons des N°s. 3, 4 & 5, ſur leſquels il a été repréſenté uniformément avec une barbe courte juſqu'à la fin de ſon regne. J'ajouterai ici en paſſant que les Ecrivains anciens qui parlent des rois des Parthes qui portoient le nom de *Vologeſes*, ne les diſtinguent point ordinairement les uns des autres par aucun titre, ni autrement, & qu'il eſt difficile de reconnoître quel eſt celui qu'ils nomment ſimplement *Vologeſes* quand le temps n'eſt pas bien déſigné dans ce qu'ils en diſent. Mais les médailles de ces Rois, qui pour la plûpart contiennent des dates avec leur nom, ſervent non ſeulement à les faire diſtinguer par ces dates, & par les têtes différentes qui y ſont repréſentées ; mais encore à faire rectifier les erreurs ou mépriſes que les Hiſtoriens ont commiſes dans ce qu'ils ont rapporté des événemens & de la durée de leurs regnes. C'eſt particuliérement dans cette vue que j'ai donné les trois médaillons précédents de *Vologeſes II* ; &

que je donne auſſi les trois ſuivants de *Vologe-*
ſes III, ſous les Nᵒˢ. 6, 7 & 8.

La tête qui y eſt repréſentée differe totalement de celle de *Vologeſes II*, par les traits du
viſage & par la longueur de la barbe. Les dates ΑΞΥ. 461, ΔΞΥ. 464 & ΕΞΥ. 465. qui
y ſont marquées, tombent dans les années 150,
153 & 154 de J. C. Le premier * fait voir que
le regne de *Vologeſes III* a commencé au
plus tard en l'année 150, au lieu que les Auteurs modernes en ont mis le commencement
en l'année 189, ce qui fait une différence de
39 ans. Les anciens Ecrivains ont parlé rare-
ment des Parthes depuis l'an 150, juſqu'à l'ex-
pédition que Septime-Sévere entreprit contre
eux en 197 ; & dans le peu qu'ils ont dit de
ce qui regardoit ces peuples en ce temps-là, le
roi *Vologeſes* qu'ils ont nommé, ſans le déſigner autrement que par ſon nom, étoit *Volo-*

---

* Ce premier médaillon de
Vologeſes III, daté de l'année
ΑΞΥ. 461. a été rapporté par
Haym. J'en ai vu dans le Cabinet
du Roi un ſemblable, mais plus
entier, avec la même tête & la
même date. Le ſecond daté de
l'année ΔΞΥ. ſe trouve pareille-
ment dans le Cabinet du Roi & dans celui de M. d'Ennery. Il y
en avoit un autre pareil dans la
collection de M. l'abbé de Rothe-
lin. Celui que je donne avec la
date ΕΞΥ. n'eſt pas le ſeul connu
avec cette date, & M. d'Ennery
en a deux autres des années ϚΞΥ,
& ΘΞΥ.

C ij

Planche I.
N°s. 6. 7. 8.

geſes III, & non pas *Vologeſes II*, qui, comme je l'ai déja marqué, devoit être mort en 149 ou 150. Outre les anachroniſmes que je viens de remarquer dans la durée que les Auteurs modernes ont donnée au regne de *Vologeſes II*, & dans l'année où ils ont mis le commencement de celui de *Vologeſes III*, je crois en appercevoir un autre en ce qu'ils ont fait régner ce dernier depuis la priſe de *Ctéſiphon* en 199 juſqu'en 213. En diſant, d'après Dion, qu'il s'étoit enfui de cette ville, lorſqu'elle fut attaquée par l'empereur Romain, ils conviennent unanimement qu'on ne ſait point ce qu'il étoit devenu, & qu'il n'eſt plus fait aucune mention de lui dans l'Hiſtoire, ſi ce n'eſt dans un paſſage de Dion, qui rapporte que Caracalla écrivit au Sénat de Rome en 212, qu'il n'y avoit alors rien à craindre de la part des Parthes, parce que depuis la mort de *Vologeſes*, ſes fils ſe diſputoient la couronne & ſe faiſoient la guerre les uns aux autres. Fondés ſeulement ſur ce paſſage, ils ont mis en 213 la mort de *Vologeſes III*, & conſéquemment en 214 le commencement du regne d'*Artaban IV*, ſon fils aîné, comme ſi le paſſage en queſtion marquoit que *Vologeſes* fût mort préciſément en ce temps-là. Il me paroît qu'il ne fignifie autre chofe par rapport à *Vologefes*, finon que fes fils avoient prétendu régner chacun à fa place après fa mort fans fpécifier le temps où elle étoit arrivée. Il y a lieu de préfumer que ce fut dès l'année 199. dans laquelle la ville de *Ctéfiphon* fut prife. La date de la médaille de *Pacorus* que j'ai rapportée dans le Tome I. du Mélange, tombe précifément dans cette année, & ce *Pacorus* étoit vraifemblablement un des fils de *Vologefes*. D'un autre côté, Hérodien rapporte que c'étoit *Artaban* qui étoit dans *Ctéfiphon* lorfque Sept. Sévere prit cette ville. Dion dit au contraire que c'étoit *Vologefes*. Je ne prétends point décider auquel des deux on doit s'en rapporter : mais quoi qu'il en foit, il y a toute apparence que dès-lors les fils de *Vologefes* avoient commencé à fe difputer la couronne en prenant chacun le titre de roi des Parthes, & que leurs diffentions avoient continué jufqu'au temps où Caracalla en parloit dans la lettre qu'il écrivit au Sénat de Rome, par laquelle il fembloit vouloir faire entendre qu'il les avoit fomentées, & s'en faire un mérite. Comme dans ces guerres civiles, ils fe qualifioient les uns & les autres du même titre de

PLANCHE
I.
N°s. 6. 7. 8.

Roi, on a pu frapper des monnoies en leur nom dans les villes différentes qui fuivoient leur parti, ou qu'ils avoient foumifes ; & peut-être eft-ce à l'un d'eux qu'appartient la médaille frappée au nom d'*Arfapcus* que Vaillant a attribuée mal à propos à *Sapor*, roi de Perfe. La date H Φ. 508. qui y eft marquée tombe en l'année 209 de J. C. dans laquelle fubfiftoient les guerres civiles en queftion. On pourroit trouver par conféquent d'autres médailles de ce temps-là, & même qui feroient datées d'une même année, lefquelles auroient été frappées pour divers Princes Arfacides, par différentes villes, avec le nom propre de celui d'entr'eux que chacune reconnoiffoit pour Roi.

Pour ceux des Lecteurs qui pourroient trouver trop de prolixité, & peut-être pas affez de clarté dans les Obfervations que je viens de faire tant fur les dates des médaillons de *Vologefes II* & de *Vologefes III* que j'ai rapportés, que fur les autres médailles que j'ai citées ; je vais en mettre ici le réfultat.

1°, Le roi *Chofrhoes* que la plupart des Antiquaires & des Hiftoriens modernes ont fait régner jufqu'en l'année 133 de J. C. n'a régné vraifemblablement que jufqu'en l'année 121 ou 122.

2°, Le regne de *Vologefes II*, qu'ils ont fait commencer en 134 & finir en 188, a commencé vraifemblablement en 121 ou 122, & a dû finir en l'année 149, ou au commencement de l'année 150.

3°, Le regne de *Vologefes III*, qu'ils ont fait commencer en 189 & finir en 213, a commencé en l'année 150, ou même dès l'année 149, & a dû finir en 199, ou peu après.

4°, Le regne d'*Artaban IV*, qu'ils ont fait commencer en 214, a dû commencer en 199, ou peu après. Il a fini en 223, fuivant M. Affemani, & en 225 ou 226 fuivant d'autres Auteurs.

On ne connoît point de médailles qui puiffent être attribuées juftement à *Artaban IV*, fi ce n'eft celle du Cabinet de l'Empereur qui a été publiée par le P. Frœlich, laquelle eft datée de l'année ΚΦ. 520, qui tombe en la 209 de J. C. & qui étoit la 10ᵉ. du regne de ce Roi, s'il a commencé en 199 comme je l'ai marqué.

La Perfe, qui avoit été affujettie aux Parthes, étoit un des Etats qui compofoient leur Empire. Elle n'étoit plus mife au nombre des Monarchies depuis la conquête qui en avoit été faite par Alexandre. Après fa mort, elle avoit

PLANCHE I.
Nᵒˢ. 6. 7. 8.

passé sous la domination des premiers rois de Syrie, & enfuite fous celle des Parthes. Il s'y étoit pourtant formé de petits royaumes dont les Rois étoient foumis à ceux des Parthes. Les villes Grecques qui étoient foit dans la Perfe même, foit dans les contrées voifines qui en dépendoient, ont fait frapper pour ces Rois des médailles qu'elles datoient de la même ére que fuivoient les autres villes Grecques qui étoient fous la domination directe des rois des Parthes. C'eft ce que je vais faire voir par les trois médailles fuivantes qui font préfentées fous les Nᵒˢ. 9, 10 & 11.

Nᵒˢ. 9. 10. 11.
ROIS DE PERSE SOUS L'EMPIRE DES PARTHES.

On y voit fur chacune une tête de chaque côté, dont l'une repréfente, avec une date, le génie de la ville où elle a été frappée, & l'autre un Roi portant une coëffure qui étoit particuliere aux rois de Perfe. Tels font repréfentés ordinairement fur leurs monnoies les rois de la dynaftie des *Safanides*. J'en ai un affez grand nombre en tous métaux, dont je rapporterai quelques-unes des plus diftinguées dans la Planche fuivante. Jamais aucuns rois des Parthes, ni autres, n'ont porté une pareille coëffure, dont la fingularité confifte principalement en ce que la tête du Roi ceinte d'un diadême

diadême eft furmontée d'un globe célefte, qui fe diftingue beaucoup mieux fur les médailles d'argent que fur celles de petit bronze. Il pend auffi ordinairement derriere leur tête une groffe touffe de cheveux frifés en petites boucles, qui forment enfemble une autre efpece de globe; mais cette touffe de cheveux qui paroît ornée de diamants, ou autres pierres brillantes, fur quelques médailles, n'étoit pas fi particuliere aux Rois, qu'elle ne fût auffi portée par des Princes du fang royal; & même, fuivant les apparences, par des grands Officiers de la couronne, & par des Mages. Outre que les types des rois de Perfe font reconnoiffables fur-tout par le globe qui eft pofé au-deffus de leur tête, je dois montrer que fous l'empire des Parthes il reftoit dans la Perfe, qui en faifoit partie, des Rois qui étoient foumis à ceux des Parthes, & qu'il y avoit auffi foit en Perfe, foit dans les contrées voifines qui en dépen-doient, des villes Grecques qui ont pu faire frapper des médailles pour ces Rois.

Sans rechercher dans l'Hiftoire tous les traits qui peuvent indiquer qu'il y avoit en Perfe des Rois qui reconnoiffoient la fouveraineté fupé-rieure des rois des Parthes, & qui leur obéif-

III. Supplément. D

PLANCHE I.
Nᵒˢ. 9. 10. 11.

Planche I.
Nᵒˢ. 9. 10. 11.

foient, je me contenterai de rapporter fur cela deux paffages de Strabon qui font formels. Dans le premier, après avoir dit que la Perfe avoit été fort rétrécie par les Macédoniens & par les Parthes, il ajoute : καὶ γὰρ εἰ βασιλεύονται μέχεινῦν, ἴδιον βασιλέα ἔχοντες οἱ Πέρσαι τῇ γε δυνάμει πλεῖςον ἀπολείπονται, καὶ τῷ Παρθυαίων προσέχουσι βασιλεῖ. Dans le fecond paffage où il parle de l'Afie qui avoit été partagée entre les fucceffeurs d'Alexandre le Grand, & de l'état où elle étoit de fon temps, c'eft-à-dire fous le regne de Tibere, il conclud par dire : Νῦν δὲ ἤδη καθ᾽ αὑτοὺς συνεςῶντες οἱ Πέρσαι βασιλέας ἔχουσιν ὑπηκόȣς ἑτέροις βασιλεῦσι, πρότερον μὲν Μακεδόσι, νῦν δὲ Παρθυαίοις.

Ces rois de Perfe n'étoient pas les feuls que ceux des Parthes laiffoient régner fous leur domination. Il y en avoit pareillement en d'autres états ou petits royaumes dont étoit compofé leur vafte empire, lefquels leur prêtoient obéiffance ; & c'eft delà qu'ils prenoient le titre fuperbe de Rois des Rois.

A l'égard des villes qui ont fait frapper les trois médailles en queftion, on ne peut juger quel étoit leur nom qui n'y eft pas marqué, non plus que celui des Rois qui y font repréfentés, l'Hiftoire n'en faifant pas mention ; mais

elle nous apprend que fous le regne d'Alexandre, & fous celui des premiers Séleucides, les
Grecs formerent des établiffements jufques dans
les contrées les plus éloignées en Afie, & y
bâtirent des villes, telles entre autres qu'*Alexandrie* en Carmanie, & *Charax* dans la Sufiane,
contrée contiguë & annexée à la Perfe, ainfi
que la Carmanie. Je m'arrêterai à cette ville de
Charax pour dire comment elle avoit été bâtie,
quels furent fes habitants, & les divers noms
qui lui furent donnés fucceffivement, parce
qu'on jugera par-là des autres villes Grecques
qui pouvoient être en Perfe. Pline rapporte que
celle de *Charax*, qui étoit fituée fur le golfe
Perfique, fut bâtie par *Alexandre*, & qu'y ayant
laiffé ceux de fes foldats qui lui étoient devenus inutiles, il ordonna qu'elle fût appellée
Alexandrie de fon nom, & qu'en même-temps il
donna en propre à des Macédoniens un village
qui fut appellé *Pella* du nom de fa patrie:
Qu'enfuite *Antiochus III*, roi de Syrie, fit
porter le fien à cette ville d'*Alexandrie*, &
qu'elle s'appella conféquemment *Antioche*;
mais qu'ayant fouffert quelques dommages,
elle fut rétablie par *Spafines*, fils de *Sogdonace*,
roi des Arabes, qui en étoient voifins, & qu'a-

P l a n c h e
I.
N°s. 9. 10.
11.

D ij

Planche
I.
Nᵒˢ. 9. 10.
11.

lors elle reprit fon ancien nom, & fut appellée depuis *Charax Spafinæ.* Au refte quelles que foient les villes qui ont fait frapper ces médailles, les Grecs qui les habitoient y ont fait repréfenter les rois Perfes qu'ils reconnoiffoient pour fouverains immédiats, & les ont datées de la maniere dont ils comptoient leurs années, de même que faifoient tous les autres Grecs qui formoient foit des corps de Communauté, foit des efpeces de Républiques dans les villes qui étoient fous la domination directe des Parthes. La date ΓΚΥ. 423 de la médaille du Nᵒ. 9, tombe en l'année 112 de J. C. qui étoit la 5ᵉ. du regne de *Chofrhoes*, roi des Parthes. La date ΖΛΥ. 437 qui eft marquée fur la médaille du Nᵒ. 10, répond à l'année 126 de J. C. dans laquelle régnoit *Vologefes II*, dont la tête qui eft repréfentée fur le médaillon du Nᵒ. 3, frappé en l'année 122, ne reffemble en aucune façon à celle qui eft fur cette médaille. Quant à celle du Nᵒ. 11, datée de l'année ΦΚΑ. 521, cette date tombe en l'année 210 de J. C. *Artaban* régnoit alors, fuivant l'obfervation que j'ai faite précédemment fur le commencement de fon regne.

Le P. Frœlich qui a publié deux médailles

femblables à ces trois-ci, avec les dates HKΥ
& ΘKΥ, les a attribuées à *Vologefes II*, fuivant
la prétendue ére du commencement de la monarchie des Parthes, fans faire attention que
les têtes qui y font repréfentées ne reffemblent
à aucune de celles qu'on voit fur les médailles
des rois des Parthes, & qu'elles reffemblent au
contraire aux têtes qui font fur les médailles
des rois de Perfe qu'il a lui-même publiées en
même-temps. Cette reffemblance dans la coëffure finguliere des têtes fuffiroit feule pour montrer qu'elles appartiennent à des rois de Perfe.
On voit par celles des rois des Parthes qu'ils
avoient des coëffures toutes différentes. *Arface I*
& *Arface II*, ne porterent d'abord qu'une fimple
mître ou bonnet fans aucun ornement. Leurs
fucceffeurs font repréfentés tantôt avec la tête
découverte, ceinte feulement d'un diadême
plus ou moins large; tantôt avec des mîtres de
diverfes formes, qui reffemblent quelquefois
à des cafques; & tantôt avec des tiares qui,
enrichies de perles, ou pierres précieufes, étoient
proprement une coëffure royale de parade pour
des jours de cérémonies & de fêtes où ils pa-
roiffoient en public. Il eft vrai que des Hiftoriens rapportent qu'étant devenus riches &

PLANCHE
I.
N°s. 9. 10.
11.

puissants par l'agrandissement de leur empire, ils tomberent dans le luxe & dans la mollesse des anciens rois de Perse. Mais si quelques-uns se sont fait friser les cheveux à plusieurs rangs, & arranger symmétriquement leur barbe en y insérant des paillettes d'or, il ne s'ensuit pas delà, & de ce qu'ils ont employé dans leur parure des pierreries & des étoffes précieuses, soit par leur teinture en pourpre, soit par leur finesse & leur broderie, qu'ils aient porté une coëffure qui les auroit fait ressembler aux rois de Perse. Il n'est pas croyable qu'ils eussent hazardé de s'attirer par-là l'aversion des Parthes leurs sujets, dont l'antipathie envers les Perses a toujours été extrême. Il est encore moins à supposer que des villes de Perse eussent daté leurs monnoies de l'ére des Parthes, si ceux-ci avoient eu celle que l'on prétend. Il est évident, au contraire, que les Grecs qui habitoient les villes où ces médailles ont été frappées, les ont datées de l'ére appellée communément l'ére des Grecs, qui avoit commencé en l'année 311 avant J. C.

Mais si des Grecs, habitants des villes qui étoient immédiatement soumises aux rois de Perse en question, ont fait frapper des médailles avec la tête de ces Rois particuliers, qui étoient

fubordonnés à la puiffance fuprême des rois
des Parthes; d'un autre côté il fe trouve des
médailles qui font voir que des Perfes en ont
fait frapper en leur langue pour des rois des
Parthes. Telles font celles qui ont été publiées,
favoir une par Bouteroue, page 36; une autre
par Haym, Tome II page 36, N°. 1; & deux
autres qui fe voient dans le Recueil des Médailles du Comte de Pembrock, P. I. T. 77.
N°ˢ. 2 & 3. Ces quatre médailles fe reffemblent
en ce que d'une part les têtes qui y font repréfentées, font couvertes de tiares femblables à
celles que portoient les rois des Parthes, dont
la coëffure étoit en cela toute différente de
celle des rois de Perfe, & en ce que d'autre
part non feulement les légendes font en caracteres Perfiques; mais que l'autel qui y eft repréfenté avec du feu au-deffus, eft un type relatif à la religion particuliere des Perfes, lequel
type fe trouve fur prefque toutes les médailles
des rois de Perfe *Safanides*, comme on le verra
par celles de ces Rois que je donne dans la
Planche fuivante. La pénultieme * de cette

---

* J'ai vu auffi dans le Cabinet du Roi plufieurs médailles de bronze femblables à celle-ci du Comte de Pembrock, qui ont des légendes variées, & bien confervées, en pareils caracteres Perfiques.

Planche-ci est une de celles du Comte de Pembrock, que j'ai fait copier pour montrer que ce sont des rois des Parthes qui y sont représentés, quoique le type & les légendes soient Persiques. Les Perses qui les ont fait frapper habitoient apparemment des villes qui étoient sous la domination immédiate des Parthes. Bouteroue, Haym & celui qui a rédigé la collection du Comte de Pembrock, ont bien reconnu que ce sont effectivement des rois des Parthes qu'elles représentent; mais ils n'ont pas sçu distinguer quels étoient les caracteres des légendes, qui sont les mêmes que ceux que l'on voit sur les médailles des rois de Perse.

La derniere de cette Planche est aussi indubitablement d'un roi des Parthes, comme le fait connoître la tête qui y est représentée. Sur le revers on voit au milieu du champ un cippe avec un grand cercle au-dessus. Je ne sais ce que ce type représente, ni ce qu'il peut signifier. Parmi les caracteres dont est composée la légende qui l'environne en forme de couronne, il y en a plusieurs qui ressemblent à des caracteres Samaritains & Syriaques : les autres me sont inconnus, & je n'en ai point encore vu de cette sorte sur les médailles des rois des Parthes.

Selon

Selon les apparences, ce sont ceux dont ces Peuples se servoient pour écrire en leur langue. S'il y a des manuscrits, ou d'autres monuments où il s'en trouve de semblables, ils me sont pareillement inconnus. Le dessein de la médaille représente exactement ceux qu'elle contient. Je les ai fait prendre avec le plus de précision qu'il a été possible, afin que les Savants, qui ont fait une étude approfondie des anciennes langues Orientales, voient s'ils pourront les reconnoître, & donner l'interprétation de la légende qui est composée de ces caracteres.

PLANCHE I.
Nos. 12.
13.

Je ne dois pas omettre de faire ici mention que j'ai eu occasion de parler à M. l'Abbé Barthelemi de mes nouvelles médailles de rois des Parthes, & de la Planche que j'en avois fait graver, & que la lui ayant fait voir avec les remarques précédentes, que je me proposois de donner à l'impression, il a eu la complaisance de me communiquer de sa part une Dissertation, qu'il avoit lue à l'Académie dès le 26 Mai 1761, dans laquelle il a aussi discuté la question concernant l'ére d'où partent les dates qui se trouvent sur plusieurs médailles de ces Rois, & fait connoître que cette ére est du même temps où j'ai trouvé de mon côté qu'elle avoit commencé. Je ne puis que me glorifier de m'être rencontré avec lui en pareille occasion, & d'avoir anticipé en ce point-là le suffrage d'un Savant, dont les connoissances sont si supérieures en tout ce qui regarde la Numismatique.

III, SUPPLÉMENT.

E

Je n'ai mis ici cette apostille que pour satisfaire M. l'ab. B. qui m'avoit témoigné être sensible à ce que je ne parlois point de sa dissertation de 1761. Je n'avois pu en faire mention parce que j'en avois eu aucune connoissance. Dans le manuscrit qu'il m'en communiqua je vis qu'en effet il y avoit agité la même matière, et qu'en y rapportant les diverses opinions des antiquaires sur l'ère en question il penchoit du côté de ceux qui l'avoient référée à l'année 311 avant J.C. mais sans rien déterminer. Quand sa dissertation parut imprimée en 1768 dans le T. XXXII des Mémoires de l'Académie, je ne fus pas peu surpris de voir qu'il y parloit d'un ton affirmatif et qu'il avoit refondu presque tout l'écrit qu'il m'avoit montré. Mon intention n'est pas de lui faire un reproche d'avoir refondu son ouvrage, je pense au contraire qu'il étoit louable de l'avoir donné meilleur qu'il ne l'étoit d'abord. Je ne suis point du nombre de ceux qui comme M. Séviriton trouvent à redire que les Mémoires des Académiciens ne soient pas toujours imprimés tels qu'ils avoient été lus, et qui recherchent l'origine et les causes des additions et changements qui y ont été faits dans l'intervalle entre le temps de la lecture et celui de l'impression. On apperçoit à la vérité une espèce de contraste quand dans un ouvrage qui est marqué avoir été lu dans tel mois d'une année on trouve qu'il y est fait mention de faits arrivés depuis, et de choses dont l'auteur n'a pu avoir connoissance que longtemps après. Mais M. l'ab. B. croit bien faire en pratiquant cette méthode que d'autres désapprouvent, et il fait bien sans doute de la suivre puisque l'académie en permet l'usage. Malheureusement pour lui cette pratique, faute d'y prendre garde, l'a fait tomber en des contradictions dont on verra un exemple ci-après p. 79 et 80 du IV. Supplément.

Cette note de M. Pellerin exige une réponse de ma part. on la trouvera à la page suivante

ROIS DE PERSE
De la Dynastie des Sasanides.

COMME les Rois de la premiere Monarchie des Perses, étoient appellés *Achemenides* du nom d'*Achemenes* leur premier Roi ; ceux de leur seconde Monarchie ont été appellés *Sasanides* du nom de *Sasan*, * pere ou aïeul d'*Artaxerxès*, qui, avec une armée de Perses révoltés, attaqua les Parthes, les défit en plusieurs batailles, tua Artaban IV leur dernier Roi, & fit, par cet événement mémorable dans l'Histoire, repasser aux Perses la Monarchie des Parthes en l'année 223, ou 225 de J. C. ainsi que je l'ai marqué précédemment. Vingt-huit rois Perses ont régné durant cette seconde Monarchie, qui fut détruite en l'année 651 par *Osman*, Calife des Sarrasins. Les noms de ces 28 Rois nous ont été transmis par les anciens Ecrivains, & il est fait mention de plusieurs

* Nª. Il y a des Auteurs qui donnent une autre origine au nom de *Sasanide*, qu'ils font dériver de *Saa*, qui en langue Persique signifie Roi, comme *Saa-saan* signifie Rois des Rois.

PLANCHE II.

[Annotation manuscrite, marge gauche et bas de page :]

en me remettant au mois d'avril 1776 son cabinet des médailles, M. Pellerin me remit un exemplaire de ses ouvrages, chargé des notes manuscrites qu'il s'amusoit à dicter à son secrétaire, quoique je n'eusse jamais répondu à ses attaques nombreuses et réitérées, je comptois bien qu'il reviendroit à les charger dans son 4e suppl. et je ne me suis pas trompé. mais je ne m'attendois pas à la note offensante qu'on vient de lire.

J'ay donc profité de son travail pour faire des changemens considerables à mon memoire. il m'en soupçonne ou plutot il m'en accuse. car son intention perce à travers les foibles menagemens dont il se sert. je vais me justifier.

Je lus mon memoire à l'académie le 26 may 1761. M. Pellerin qui en fut instruit par M. l'abbé Belley m'en parla le lendemain. Je lui confirmai ce qu'on lui en avoit dit, et je lui citai les médailles qui en détruisant l'opinion de l'abbé de Longuerue et de Vaillant feroient remonter l'ere des Parthes à l'année 311 où il paroit l'avoir fixée. parmi ces médailles étoit le medaillon d'un Vologese avec l'année 524 que j'avois vû au cabinet du vatican en 1756. et qui auroit ouvert les yeux aux moins clairvoyans. quelque temps après M. Pellerin me dit qu'il alloit faire imprimer quelque chose sur l'ere des Parthes et je vis en effet dans le 1er vol. de ses melanges publié en 1765 qu'il les rapportoit comme j'avois deja fait d'apres M. Freret à l'année 311. j'en fus etonné, mais il est très facheux que je lui aye temoigné la moindre sensibilité sur ce qu'il n'en avoit pas parlé de ma dissertation. aujourdhui il assure que dans cette dissertation manuscrite, je rapportois les differentes opinions des auteurs sans vues d'examiner, et qu'il ne fut pas peu surpris de voir dans mon memoire imprimé en 1764, d'autbois que je parlois d'un ton affirmatif et que j'avois refondu presque tout l'ecrit que je lui avois montré.

d'entre eux dans l'histoire Romaine & dans l'histoire Byzantine. Mais jusqu'ici on n'a point encore découvert quels sont ceux à qui appartiennent les diverses médailles que l'on a de ces Rois. On a été long-temps sans en connoître de cette espece. Les premieres qu'on avoit vues, ont excité la curiosité; & la recherche qui s'en est faite dans les lieux où s'étend le commerce depuis la Mésopotamie jusqu'au golfe Persique, en a procuré une assez grande quantité dont plusieurs Cabinets sont pourvus présentement. Le P. Frœlich, qui en a publié quelques-unes de celles qui sont dans le Cabinet de l'Empereur, dit qu'il s'y en trouve 13 en argent & une en bronze. Le Cabinet du Roi en contient aussi plusieurs. On en voit deux d'argent dans le Recueil du Comte de Pembrock, cinq dans une Planche que M. Duane a fait graver, & M. d'Ennery en a acquis nouvellement une vingtaine de l'Evêque de Babylone. De mon côté, j'en avois déja dix en argent & six en bronze. On n'en avoit point encore vu en or. Celle dont j'ai aussi fait l'emplette depuis peu m'a paru si singuliere que j'ai cru devoir la donner à la tête de cette Planche. J'y en ai joint quelques-unes des au-

E ij

PLANCHE
II.
Nᵒˢ. 1. &c.

tres qui different de celles qui ont été publiées foit par les têtes, foit par les types ou par les légendes. Je les ai fait deffiner & graver, comme les précédentes médailles Parthiques, avec toute l'exactitude qu'on a pu y apporter, afin que les Savants en langues Orientales nous faffent connoître, s'ils le peuvent, quels font les Rois qui vraifemblablement font nommés dans les légendes de ces médailles.

Ceux qui s'appliquent à l'étude de l'Hiftoire ancienne pourront peut-être auffi y trouver quelque trait propre à donner connoiffance du Roi & de la Reine dont les têtes font accolées fur la médaille d'or, au-devant defquels eft la figure d'un jeune homme à mi-corps qui leur préfente une couronne.

L'infpection de cette premiere médaille & des fuivantes pourra encore donner occafion à d'autres qui font inftruits des ufages, des mœurs & de la religion des anciens Perfes, de faire des remarques nouvelles & curieufes fur les diverfes particularités qui fe trouvent foit dans l'ornement des têtes, foit dans les différentes manieres dont le type des autels y eft repréfenté.

L'aile d'oifeau qu'on voit au-deffus de l'o-

reille du Roi dans la médaille d'or, eſt une ſingularité qui ne ſe trouve point ſur les autres
médailles des Rois de Perſe, mais ſeulement
ſur quelques-unes d'Antiochus I, roi de Syrie,
& de Pruſias II, roi de Bithynie.

    Les têtes d'homme qui ſont au milieu des
flammes du feu repréſenté ſur des autels dans
les médailles des N°. 4 & 5, ſont une autre
ſingularité qui auroit beſoin d'explication. Quelque roi des Perſes auroit-il, en brûlant des
hommes, fait des ſacrifices auſſi contraires à
leur religion ? cela ne peut être. Il faut donc
que ces têtes dans le feu ſur des autels, y aient
été repréſentées pour d'autres cauſes. Depuis
que cette Planche a été gravée, j'ai vu pluſieurs autres médailles ſemblables.

    Les Hiſtoriens diſent qu'il n'étoit pas permis
d'approcher du feu ſacré avec des armes de
crainte d'en violer la pureté. Cependant on
voit ſur la plupart de ces médailles deux figures armées à côté des autels où ce feu eſt
repréſenté ; ſur quelques-unes ces figures ſont
tournées vers les autels, & ſur les autres elles
leur tournent le dos. Suivant le rapport d'Aga-
thias, elles doivent y repréſenter des mages
auxquels la garde du feu ſacré étoit commiſe,

P L A N C H E
II.
N°ˢ. I. &c.

N°ˢ. 4. 5.

PLANCHE
II.
Nᵒ. 6.

ainsi que le soin de l'entretenir perpétuellement. Dans la médaille du Nᵒ. 6, un des deux gardes a un globe au-dessus de la tête, de même que les Rois. Xénophon dit bien que les Princes du sang royal avoient le droit de porter la même coëffure que les Rois. Mais est-ce qu'un Prince du sang faisoit la fonction d'un mage? Où est-ce qu'il y avoit des mages à qui il étoit permis de porter aussi cette coëffure? Je me borne à faire remarquer ces particularités, dont l'explication doit être réservée à ceux qui seront en état de la donner.

Les médailles de bronze que présentent les Nᵒˢ. 7, 8 & 9 * ne sont pas chacune d'une entiere conservation. Haym en a publié une semblable qui étoit encore bien moins conservée. Je ne rapporte celles-ci qu'à cause des caracteres singuliers qu'elles contiennent. Quelques-uns paroissent être Syriaques, & d'autres se trouvent dans l'alphabet des Gaures & des Sabéens appellés Chrétiens de S. Jean. Ceux qui sont dans le champ, vis-à-vis & derriere les têtes, sont des especes de majuscules, & different par leur forme des caracteres de moindre

Nᵒˢ. 8. 9.
10.

---

* Il y a aussi dans le Cabinet du Roi plusieurs médailles semblables à celles-ci, dont quelques-unes m'ont paru bien conservées.

grandeur, qui compofent dans le contour de
la derniere médaille une légende qui eft à demi
effacée.

PLANCHE
II.
Nᵒˢ. 8. 9.
10.

Quoique l'ancienne langue des Perfes ne
foit pas connue faute de manufcrits qui nous
en foient reftés, je fuis perfuadé qu'il ne feroit
pas impoffible de trouver dans la fuite la fignification des légendes qui font fur les médailles
des rois de Perfe, fur-tout fi l'on peut en raffembler un grand nombre. Il ne faudra que les
mettre fous les yeux des Savants accoutumés
à lire les manufcrits en diverfes langues Orientales. Ils fauront diftinguer fur ces médailles
les caracteres qui reffemblent à ceux de ces
autres langues, & connoîtront d'abord par-là
leur valeur qui doit être la même dans les
unes & dans les autres. La valeur de ces caracteres étant une fois reconnue dans les médailles dont il s'agit, il ne leur fera pas fort difficile alors de découvrir les noms propres, foit
de Rois, ou autres qui en feront compofés, s'il
s'y en trouve, & ils pourront enfuite découvrir fucceffivement la fignification des autres
mots compofés en partie de ces caracteres
connus, & en partie d'autres inconnus, par
l'habitude où ils font de trouver la fignifica-

tion d'un mot inconnu dans une langue, en le comparant à un autre mot à peu près semblable qui est connu dans une autre; la plupart des langues Orientales n'étant que des dialectes qui ont la même origine. Mais ce qui peut leur être d'un plus grand secours pour la connoissance des caracteres & des légendes en question, ce sont les manuscrits des Gaures & des Chrétiens de S. Jean, qu'on prétend avoir conservé l'ancienne langue des Perses, & même leur écriture. Il y a de ces manuscrits à la Bibliotheque du Roi. On assure aussi qu'il subsiste dans l'Inde, du côté de *Surate*, des Peuples descendants des Perses, qui s'y réfugierent après la conquête de leur pays par les Sarrasins, & qu'ils ont des manuscrits en leur ancienne langue qu'ils ont pareillement conservée. Après avoir donné ces indications pour parvenir à l'intelligence des légendes qui se trouvent sur les médailles des rois de Perse, il ne me reste qu'à desirer que celles que je présente dans cette Planche puissent contribuer à faire faire cette découverte, qui n'est pas moins intéressante pour l'Histoire que pour la Littérature.

MÉDAILLES

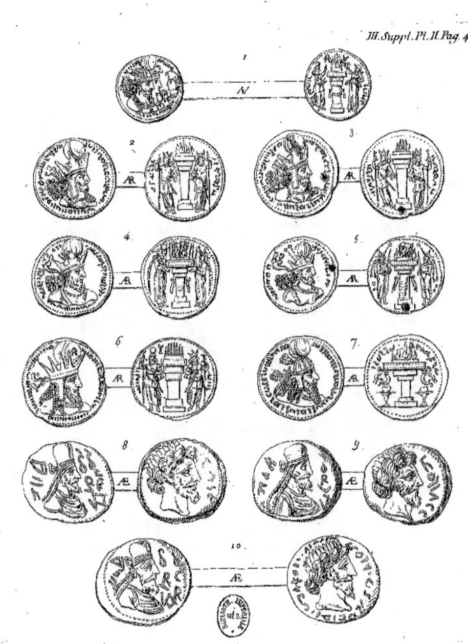

MÉDAILLES
DE PEUPLES ET DE VILLES.

EPHESUS in Ionia.

L A médaille de la ville d'*Ephefe* que je préfente à la tête de cette Planche , m'a paru mé- PLANCHE
riter d'être donnée non-feulement parce qu'elle III.
eft d'or , & qu'on n'en avoit point vu jufqu'à
préfent de cette Ville en ce métal, mais encore
parce que Diane y eft repréfentée avec fes divers attributs, qui y font même confondus &
mêlés enfemble. Sur un côté, elle eft figurée
en Chaffeufe avec un arc & un carquois derriere fon dos. Sur l'autre côté, c'eft proprement la
déeffe qu'on appelloit la *Diane d'Ephefe* , parce
que les Ephéfiens la révéroient particuliérement comme mere nourrice de l'Univers , & la
repréfentoient conféquemment couverte d'une
infinité de mammelles fur tout le corps. Entre
les fupports fur lefquels elle s'appuie de chaque main , on voit à gauche une abeille , qui

III. SUPPLÉMENT.   F

Planche III.

étoit le symbole distinctif de la ville d'Ephese, & à droite la figure d'un cerf, qui étoit un des attributs de la déesse Chasseuse. Je ne m'arrêterai point à faire aucune observation sur le mélange des diverses propriétés que les Idolâtres attribuoient à chacune de leurs divinités. Ce n'est pas ici le lieu de faire voir combien les idées qu'ils en avoient, étoient confuses & absurdes. Mais à l'occasion de cette unique médaille d'or de la ville d'Ephese, dont on a tant d'autres en argent & en bronze, j'ai fait quelques réflexions sur la rareté extrême des médailles d'or de Villes en général, & je prie les Lecteurs de trouver bon que je les leur expose.

Comme il s'agit de rechercher les causes pour lesquelles parmi les Villes qui faisoient battre des monnoies pour leur usage, plusieurs de celles qui étoient les plus peuplées, les plus illustres & les plus opulentes, n'en ont jamais fait frapper en or; pourquoi on en trouve si peu en ce métal de quelques-unes de celles qui en ont fait fabriquer, & pourquoi on n'en a pas même en argent de la plupart de ces mêmes Villes: je crois devoir, pour me faire mieux entendre, entrer dans quelque détail sur les pays & sur les temps où ont été frappées les diverses monnoies dont sont composées les suites de médailles de Villes qu'on appelle *Autonomes*. Je commence par dire que toutes les différentes sortes de médailles antiques en général que l'on a, sont des pieces qui avoient été perdues, ou cachées en terre. On les trouve éparses soit dans les chemins & dans les champs où elles étoient tombées, soit dans les ruines des villes qui avoient été détruites par des armées ennemies & par des incendies, ou renversées par des tremblements de terre. Les anciens tombeaux en fournissent aussi quelques-unes qui y avoient été mises avec les corps morts. Mais la plus grande quantité provient des dépôts appellés trésors, qui se trouvent pareillement dans la terre & dans des démolitions de bâtiments où ils avoient été mis secrétement par des particuliers, qui croyoient se les mieux conserver de cette façon, & qui mouroient sans avoir donné connoissance à personne de ces dépôts, au nombre desquels il faut joindre des caisses militaires qui ont aussi été trouvées en différents lieux où elles avoient été enfouies, soit par des voleurs, soit par des Trésoriers d'armées qui avoient été battues & entiérement défaites. Anciennement on ne fai-

P L A N C H E
III.

F ij

soit pas de collection, comme à préfent, des médailles qu'on découvroit. Ce n'eſt que depuis trois à quatre fiecles que des gens lettrés & curieux ont commencé à en raffembler quelques-unes de Rois & d'Empereurs. On fe bornoit alors à connoître leurs figures, l'air & les traits de leur vifage, leurs ornements de tête, leurs habillements, &c. ce n'étoit qu'un objet de curiofité. Depuis on reconnut que les revers contenoient fouvent des dates, & défignoient par leurs types des événements qui pouvoient fervir à confirmer des faits hiſtoriques, & même à éclaircir certains traits de l'hiſtoire, qui, n'y étant touchés qu'en paffant par les anciens Ecrivains, feroient peu intelligibles fans le fecours de ces monuments. On a négligé longtemps les médailles de Villes ; mais enfin on a auffi reconnu qu'elles pouvoient être également utiles pour l'hiſtoire des anciens Peuples, pour la Géographie ancienne, pour la Mythologie, & même pour la Chronologie. C'eſt par ces raifons que l'on en raffemble préfentement le plus que l'on peut, & qu'on s'attache à en former des fuites particulieres.

Pour revenir aux pays & aux temps où ces efpeces de monnoies ont été fabriquées, je com-

mence par l'Efpagne. Les matieres d'or, & d'argent particuliérement, y étoient anciennement,
comme l'on fait, dans la plus grande abondance.
On ne trouve point cependant qu'il y ait été
frappé par les Peuples & les Villes aucune monnoie en ces deux métaux, ni même en bronze,
fi ce n'eft depuis que les Romains en eurent
fait la conquête en tout ou en partie. Encore
n'y eut-il que les Villes où ils établirent des
Colonies, qui en fabriquerent de Latines en
bronze feulement, foit Autonomes, foit Impériales. Ce ne fut même que jufqu'au regne de
Caligula qu'il leur fut permis d'y faire battre
de ces fortes de monnoies. Sous les Empereurs
fuivants, les monnoies Romaines, fur-tout celles
d'or & d'argent, furent les feules dont ils permirent l'ufage en Efpagne, ainfi que dans la
plupart des autres pays conquis. Il eft vrai que
les Phœniciens & les Carthaginois, qui long-
temps auparavant avoient formé des établiffements à Cadix & dans quelques autres villes
maritimes, y en avoient fait fabriquer pour
leur ufage particulier avec des légendes en caracteres Phœniciens ou Puniques. On n'en a de
cette efpece qu'en bronze, & l'on ignore pourquoi ces Peuples, dans un pays où l'argent

PLANCHE III.

N.ta J'en ai vu dans le Cabinet de M. d'Ennery une d'argent dela ville de Cadix en caracteres Pheniciens ou Puniques, laquelle au revers de la tête d'Hercule a pour type un poisson, et la même legende qui se trouve sur les médailles en bronze de cette Ville. Le P. Florez en rapporte aussi plusieurs autres pareilles en argent.

étoit auffi commun, n'en ont pas fait frapper en ce métal. Le temps de la fabrication de ces monnoies de bronze eft incertain ; mais il doit avoir précédé celui où les Villes en queftion tomberent en la puiffance des Romains. D'un autre côté, l'on trouve des médailles Grecques en argent, qu'on eftime avoir été frappées par des Grecs négociants & navigateurs qui s'étoient établis à *Emporia* & à *Rhoda*, autres Villes maritimes fur la côte de la Méditerranée. Le temps où elles ont été fabriquées n'eft pas mieux connu. Mais quant à d'autres médailles d'argent dont les légendes font en divers caracteres tout-à-fait inconnus, on juge qu'elles font des habitants originaires du pays qui les ont fait frapper en leurs langues à l'imitation des derniers Romains, auxquels ces fortes de médailles reffemblent effe&tivement par leur forme & fabrique. Si ces Peuples les ont fait fabriquer avec la permiffion des Empereurs, ou dans un temps qu'ils étoient foit révoltés, foit non encore foumis, c'eft ce que j'ignore pareillement. Il me refteroit à faire mention de petits médaillons d'argent & de bronze, dont j'ai rapporté quelques-uns avec les noms d'ADNA, ATTA, BIATEC, SVICCA, & autres qu'on croit

avoir été frappés en Espagne ; mais je n'ai rien
à ajouter à ce que j'en ai dit page 11 du Tom. I.
du Recueil des médailles de Villes, & page 10
du premier Supplément. Au reste, s'il existe
quelques médailles d'argent qui aient été frappées anciennement en Espagne, il est certain
qu'on n'y en a trouvé aucune d'or jusqu'à
présent.

On n'en connoît point non plus en or qui
aient été frappées dans les Gaules au nom des
Peuples & des Villes. On y en trouve seulement
d'une fabrique extrêmement grossiere, qui paroissent, par les têtes & par les types qu'elles
contiennent, avoir été contrefaites à l'imitation
des médailles de Philippe, pere d'Alexandre le
Grand. J'ai dit ce que je pensois de ces sortes
de médailles d'or, & d'autres à peu près semblables en argent, en parlant des médailles de
Villes, *Tome I, pages 14 & 15.* Elles ne sont
point appellées proprement Médailles des Gaules, quoiqu'elles puissent y avoir été fabriquées. Ce titre n'appartient qu'à celles d'argent
& de bronze qui ont des légendes contenant
des noms soit de Peuples & de Villes, soit de
Rois ou de chefs Gaulois. Ces médailles, dont
les légendes sont toutes latines, font connoître

PLANCHE
III.

que leur fabrication ne peut être d'un temps antérieur à celui auquel la langue Latine s'introduisit dans les Gaules, d'abord par le commerce que les Romains y faisoient avant qu'ils les euffent conquifes, & enfuite par leur plus grande fréquentation après les avoir réduites en leur puiffance. Il fembleroit qu'alors les Gaulois ne duffent pas avoir la liberté de faire battre des monnoies en leur nom, fur-tout de celles d'argent ; liberté qui n'a même jamais été accordée aux Colonies pour les monnoies en argent *. Mais peut-être que quelques Villes auront pu, en fe foumettant, obtenir le privilege de continuer à en faire fabriquer pour leur ufage. S'il n'en eft point fait mention dans l'hiftoire, au moins eft-il certain, par le témoignage de Jules-Céfar, que dans le temps qu'il faifoit la guerre dans les Gaules, les Peuples y avoient déja des matieres monnoyées en abondance, puifqu'il fe fert du terme de *pecuniæ* quand il dit que les Auvergnats & les Autunois promirent aux Allobroges, & les Trévi-

f ajouter quelques medailles Dela ville de Nismes.

* N. On a cependant des médailles de *Cabe*, Cavaillon en Provence, lefquelles font d'argent avec le nom de Lépide au revers.

C'eft peut-être le feul exemple qu'une ville, qui étoit Colonie, ait fait frapper des médailles en argent.

riens

riens aux Germains d'au-delà du Rhin, beaucoup de celles qu'ils poſſédoient, pour les engager à ſe joindre à eux contre les armées Romaines. Il ſe peut bien que ces matieres monnoyées, *pecuniæ*, dont parle Jules Céſar, fuſſent
compoſées pour la plus grande partie des médailles que nous appellons Conſulaires, qui
pouvoient être dès-lors plus abondantes chez
ces Peuples que leurs propres monnoies. Quoi
qu'il en ſoit, s'ils n'en ont fait fabriquer au-
cunes d'or en leur nom, ce n'eſt pas que
cette matiere manquât chez eux. Elle n'y étoit
pas rare, & même nous ne trouvons gueres de
médailles qu'en or, ſous le regne de tous nos
Rois de la premiere Race. Il n'eſt pas à préſu-
mer que la ville de Marſeille, dont la magnificence & les richeſſes étoient ſi grandes, en
ait fait frapper non plus en ce métal, puiſqu'il
ne s'en eſt point trouvé avec l'immenſe quantité de celles d'argent & de bronze qui s'en
eſt découvert dans tous les temps. Cette ville,
dont les habitants étoient Grecs, devoit à la
vérité être gouvernée par d'autres loix que les
Villes habitées par des Gaulois. Ces médailles
de Marſeille ont conſéquemment des légendes
Grecques, ainſi que celles d'Avignon, d'An-

III. SUPPLÉMENT.   G

Planche
III,

tibes & de Béziers. Cela n'empêche point qu'on ne range les unes & les autres parmi les médailles des Gaules. On y mêle pareillement les médailles Latines qui ont été frappées au nom de quelques villes d'Allemagne.

On en connoît aussi en or & en argent, qui ressemblent par leur fabrique aux médailles des Gaules, & qui sont attribuées par quelques-uns soit à des villes d'Angleterre, soit à des chefs du pays, parce qu'elles se trouvent en Angleterre assez communément. Mais comme les Antiquaires Anglois ne conviennent pas même entre eux que ces médailles, qui paroissent être du temps des premiers Empereurs Romains, aient été frappées en Angleterre, je me contente d'en faire ici une simple mention. Cambden a rapporté la plupart de celles de cette espece qui sont connues, & en dernier lieu Samuel Pegge en a publié plusieurs autres.

Les médailles de Rome, qui tiennent, comme de droit, le premier rang parmi celles des villes d'Italie, sont trop connues pour en faire ici grande mention. Je dirai seulement qu'on en a de cette Ville capitale en or, en argent & en bronze ; que c'est en ce dernier métal qu'elle fit fabriquer ses premieres monnoies,

environ 200 ans après fa fondation, qui fut en
l'année 753 avant l'ére chrétienne ; qu'elle ne
commença à en faire battre en argent qu'en
l'année 268 avant la même ére, & en or, que
62 ans après. Il eft incertain fi quelques-unes
des Villes habitées par les plus anciens peuples d'Italie, appellés communément du nom
d'*Etrufques*, en avoient fait fabriquer avant les
Romains. Soit que ces Peuples fuffent d'origine
Phœniciens, Lydiens ou Pélafges, foit qu'ils
y euffent paffé par mer, ou qu'ils y fuffent
venus par terre d'Illyrie, ou d'autres contrées
de la Grece, fuivant les diverfes opinions des
Auteurs qui ont parlé de cette premiere peu-
plade, il paroît que la forme des lettres dont
font compofées les légendes de leurs anciennes
monnoies, approche beaucoup de celle des
caracteres qu'on prétend avoir été portés de
Phœnicie en Grece par Cadmus. On n'a point
de ces monnoies en or, mais feulement en argent & en bronze, fur lefquelles on trouve en
ces fortes de caracteres appellés Etrufques, les
noms de plufieurs Villes telles qu'*Acerræ*, *Ca-*
pua, *Cumæ*, *Nuceria*, *Alfaterna*, *Teanum*, *Tuder*,
& quelques autres. Les Grecs qui pafferent en
fuite en Italie de divers endroits, s'y établirent

PLANCHE
III.

Planche III.

principalement dans la partie méridionale qui fut appellée de leur nom *la grande Grece*. Ils chasserent de plusieurs Villes les Etrusques qui les possédoient, s'habituerent dans quelques-unes avec eux, & en bâtirent d'autres. On a aussi de leurs monnoies avec des légendes Grecques, frappées dans la plûpart de ces Villes en or, en argent & en bronze; mais celles d'or sont toutes du nombre des rares, & l'on n'en connoît que de cinq ou six Villes. Quant aux médailles Latines, outre celles de Rome, les villes du Latium en fabriquerent aussi d'argent & de bronze en langue Latine, qui étoit celle des habitants de ces Villes, comme des Romains. Leur fabrication peut être également du temps où ces Peuples étoient libres & non soumis à la République Romaine, ou des temps dans lesquels ils s'étoient révoltés à plusieurs reprises. Il faut observer à cette occasion qu'à mesure que les Romains ont réduit à leur obéissance le Latium, la grande Grece & tout le reste de l'Italie, ils ont obligé toutes les Villes conquises, tant les Latines que les Grecques & les Etrusques, à se servir pour leur usage des monnoies Romaines, sans leur permettre d'en faire battre de particulieres

en leur nom, fi ce n'eft à quelques Villes où
ils avoient envoyé des Colonies, comme à
Pæftum & à *Copiæ*, defquelles Villes on trouve
des médailles avec des légendes Latines qui
contiennent leur nom. Il eft encore à remarquer qu'il y a de ces Villes qui, habitées fucceffivement par différents Peuples, avoient
changé de nom en changeant d'habitants, &
fait battre des monnoies en chacune de leurs
langues. Telle fut entre autres la ville de *Pæftum*
dont je viens de faire mention, qui ayant été
faite Colonie, fit battre des médailles Latines
fous ce dernier nom, après en avoir fait frapper de Grecques fous le nom de *Pofidonia*, &
d'Etrufques fous celui de *Phiftlus*. La ville de
Copiæ, qui avoit été appellée d'abord *Sybaris*
& enfuite *Thurium*, en avoit fait fabriquer
pareillement de Grecques & enfuite de Latines, ainfi que la ville de *Vibo-Valentia*, qui
portoit auparavant le nom d'*Hipponium*. La ville
de *Nuceria*, fans changer de nom, en avoit
fait frapper en langue Etrufque & en langue
Grecque. D'autres Villes en avoient ufé de
même dans les temps où elles étoient habitées
par différents Peuples.

Je ne dois pas omettre l'ifle de Sicile voifine

PLANCHE
III.

On en a aussi d'Agrigente

de l'Italie, dont les Villes ont aussi fait frapper des médailles en trois langues, savoir en Grec, en Punique & en Latin. Dans la grande quantité qui s'en trouve avec des légendes Grecques, il y en a plusieurs qui, par leur forme & leur fabrique, paroissent être de la plus haute antiquité; & d'autres qui sont d'un dessein si élégant, & d'un travail où la force & la délicatesse sont si admirablement unies ensemble, qu'elles égalent en beauté tout ce qu'on connoît de plus belles médailles de Rois & d'Empereurs : celles-là sont d'argent. Toutes les Villes en faisoient aussi fabriquer en bronze. On n'en a encore vu en or que des Villes de *Syracuse* & de *Gela*. Parmi les Puniques frappées en Sicile par les Carthaginois qui en ont possédé une partie pendant long-temps, il y en a peu dont les légendes fassent connoître les Villes où elles ont été frappées. Cette Isle n'en fournit gueres de Latines, si ce n'est avec des légendes qui contiennent des noms d'Empereurs & de Magistrats Romains.

Je passe aux médailles des Villes & des Contrées qui étoient habitées par des Grecs depuis le golfe Adriatique jusqu'à la Thrace & au Bosphore Cimmérien. Toute cette grande étendue de pays étoit partagée en plusieurs Royaumes dont celui de Macédoine étoit le plus considérable; en deux grandes Républiques, savoir celle d'*Athenes* & celle de *Lacédémone*; en diverses Contrées, composées de plusieurs Villes qui étoient unies & se gouvernoient par un Conseil commun, c'est-à-dire, par les délibérations que prenoient les assemblées où chacune de ces Villes envoyoit des députés; & en des Villes particulieres qui étoient assez puissantes pour former chacune une espece de République, & pour ne se point soumettre à d'autres loix qu'à celles qu'elles s'imposoient elles-mêmes. Dans les Royaumes, les Rois faisoient à la vérité battre en leur nom des monnoies qui avoient cours dans leurs Etats; mais ils laissoient aux Villes qui étoient sous leur domination, la liberté d'en fabriquer aussi pour l'usage particulier de chacune de ces Villes. Les Républiques en usoient de même, puisqu'outre les médailles d'*Athenes* & de *Lacédémone*, on en a des bourgades de l'Attique, & d'un grand nombre de villes de Laconie. La même chose étoit pratiquée par les Contrées composées de plusieurs Villes : elles en faisoient fabriquer chacune en leur nom indépendamment de

Planche
III.

celles que chaque Contrée faifoit frapper pour l'ufage commun des Peuples qui l'habitoient. On en trouve auffi beaucoup des Villes indépendantes qui fe gouvernoient par leurs propres loix, telles que *Dyrrhachium* & *Apollonie* qui étoient fur la côte d'Illyrie, *Thafe*, ville de l'Ifle qui portoit le même nom, *Abdere* & *Byzance* fituées en Thrace, & autres Villes libres qui n'étoient foumifes à aucune autre puiffance. Quand les Romains eurent réduit ces Villes & contrées fous leur domination, ils fe départirent, en cette occafion, de la regle qu'ils s'étoient faite d'obliger tous les pays conquis à n'avoir plus d'autres monnoies que les Romaines. Ils laifferent fubfifter l'ufage où étoit chaque Ville & chaque Contrée d'en frapper en leur nom. Si, comme le dit Tite-Live, ils ne permirent pas d'abord aux Peuples de Macédoine, après avoir partagé ce Royaume en quatre Provinces, d'en fabriquer en or & en argent, mais feulement en fer & en bronze, il paroît que cette défenfe, par rapport aux monnoies d'argent, fut abrogée dans la fuite, puifque nous avons des médailles d'argent qui ont pour légendes les unes ΜΑΚΕΔΟΝΩΝ, ΠΡΩΤΗΣ, & les autres ΜΑΚΕΔΟΝΩΝ. ΔΕΥΤΕΡΑΣ,

ΔΕΥΤΕΡΑΣ. Je n'entre point dans la queſtion de favoir ſi les Grecs ont été les premiers qui ont trouvé l'art de battre des monnoies, & en quel temps ils ont commencé à en fabriquer. Aſſez d'Auteurs ont traité cette matiere. Il me ſuffit de dire que lorſqu'on a vu & manié beaucoup de médailles, on reconnoît aſſez bien à leur forme & à leur fabrique les différents degrés de leur antiquité, mais que cette connoiſſance ne ſera cependant parfaite que quand on aura l'ouvrage entier que M. l'Abbé Barthelemy a entrepris, & dont il a donné la premiere partie ſous le titre de *Paléographie Numiſmatique.* On en attend la ſuite avec d'autant plus d'impatience que cette premiere partie eſt un morceau excellent & infiniment plus inſtructif que tout ce qui avoit encore paru en ce genre. Il me reſte pour finir le préſent article à faire mention des matieres que les contrées & les villes de Grece employoient à la fabrication de leurs monnoies. Les villes médiocres en ce pays-là, comme ailleurs, n'en avoient gueres qu'en bronze. Mais on en trouve une bien plus grande quantité d'argent que de bronze des contrées d'*Achaïe*, d'*Epire*, de *Bœotie* & de *Theſſalie*, & des villes particulieres de *Dyrrhachium*, d'*Apollonie*, de Ma-

PLANCHE
III.

III. SUPPLÉMENT.   H

ronée, de *Thafe* & d'*Abdere*. Celles de la ville d'*Athenes*, en argent fur-tout, font extrêmement nombreufes. On croyoit précédemment que la ville de *Lacédémone* n'en avoit point fait frapper en ce métal, parce qu'on n'en avoit point vu, & que d'ailleurs les loix de Lycurgue ne permettoient point d'en avoir d'autres que de fer. Mais depuis on en a découvert plufieurs, qui, fans doute, n'ont été fabriquées que dans les derniers temps de la République, après que l'obfervation de fes anciennes loix fut tombée en défuétude. A l'égard des médailles en or, il y en a de deux fortes qu'on attribue à des villes de Grece. Les unes, fur lefquelles le nom de ces villes eft infcrit, font de différents modules & ne forment aucune difficulté. Les autres dont on a un affez grand nombre, font d'un petit module, de fabrique bien antique, & fans légendes. On voit feulement une lettre fur quelques-unes avec différents types. Comme la plupart des villes Grecques ne mirent point leur nom fur les premieres monnoies qu'elles firent fabriquer, mais feulement les fymboles qu'elles avoient adoptés, & qui fuffifoient alors pour faire connoître de quelles villes étoient les monnoies qui contenoient ces fymboles, on a jugé

conséquemment que c'est à la ville d'*Athenes*
qu'appartiennent celles qui ont pour type une
chouette, à la ville de *Chio* celles où l'on voit
un sphinx, à la ville de *Smyrne* celles qui représentent un Léopard, à *Salamine* en Chypre celles dont le type est la tête d'une espece de bœuf
dont les cornes sont difformes, & ainsi des autres qui contiennent des symboles que les villes
avoient ensuite employés sur d'autres médailles
où elles marquerent leurs noms. On a aussi jugé
que celles d'or en question où l'on voit une
seule lettre, pouvoient être de quelqu'une des
villes dont le nom commençoit par cette lettre ;
& c'étoit en effet un usage qui fut pratiqué anciennement par plusieurs villes qui ne firent
mettre d'abord que l'initiale de leur nom sur
leurs monnoies. Mais tout cela ne donne que
des apparences de conformité & des vraisem-
blances, & non des certitudes. C'est pourquoi
on est fondé en quelque sorte à ne reconnoître
pour médailles qui appartiennent incontestable-
ment à des villes que celles où leurs noms sont
inscrits soit en entier, soit au moins avec les
premieres lettres, telles que sont les médailles
d'or que j'ai rapportées des *Thasiens* & des villes
d'*Istropolis* & de *Panticapée*. On en connoît quel-

PLANCHE
III.

H ij

+ *Voyez p. 142. P. 1. les observations que j'y ai faites sur de semblables médailles qui sont très certainement antiques.*

ques-unes d'autres villes de Grece ; mais pour celles que Goltzius en a publiées , on ne les a vues jusqu'à préſent nulle part. Quand j'ai rapporté celle de la ville d'*Athenes* qui d'un côté repréſente la tête de Minerve , & de l'autre côté une chouette, j'ai marqué qu'elle me paroiſſoit douteuſe. J'ai ſu depuis qu'il y en a de ſemblables en quelques Cabinets. Cette multiplicité jointe à leur fabrique ſuſpecte ne permet pas de les mettre au nombre des certaines ; de ſorte que juſqu'à préſent on n'en trouve aucune qui puiſſe être attribuée indubitablement à cette ville. Si elle en avoit fait frapper effectivement en or , il y a tout lieu de croire qu'il s'en ſeroit trouvé quelques-unes parmi la quantité infinie de celles d'argent & de bronze qui ont été déterrées dans tous les temps. Les cauſes qui ont pu l'empêcher d'en faire fabriquer en ce métal me ſont inconnues. Eſt-ce que la forme de ſon gouvernement s'y oppoſoit , & qu'elle vouloit par-là ôter à des Particuliers ambitieux & avares la facilité d'amaſſer & de garder , au préjudice des autres Citoyens , de grandes richeſſes en ces ſortes de monnoies qui pouvoient ſe cacher aiſément ? ou que les monnoies d'or des rois de Perſe connues ſous le nom de *Dariques,*

& celles de Philippe II, roi de Macédoine, étant
les premieres de ce métal qui avoient paru en
Grece, cette république ne voulut pas par politique se comparer à ces Rois en faisant frapper de pareilles monnoies qui sembloient être
un attribut distinctif de la royauté? La médaille
d'or des Thasiens que j'ai donnée Tome III,
Pl. XCIII, n°. 5, n'a rien de contraire à cette
façon de penser touchant celles des Rois, si c'est
la tête de Philippe qui y est représentée, comme
je l'ai remarqué. A l'égard des deux autres frappées à *Istropolis* & à Panticapée, les Grecs qui
les habitoient pouvoient bien n'avoir pas la
même déférence pour les Rois barbares de la
Thrace & du Bosphore où ces villes étoient
situées.

Après avoir parlé en général des médailles
des villes Grecques Européennes, je dois faire
mention de celles qui ont été frappées dans les
villes habitées par des Grecs en Asie. Mais en
les parcourant depuis les côtes du Pont-Euxin
jusqu'en Egypte, je ne m'arrêterai gueres qu'aux
villes qui en ont fait fabriquer en or, & à celles
dont on ne trouve point de monnoies en ce
métal, ni même en argent, quoique par leur
prééminence & par leurs richesses elles dussent

P L A N C H E
III.

PLANCHE
III.

en avoir eu plus que toutes les autres. Je dirai feulement un mot en paſſant des médailles qui ont des légendes ſoit en caracteres Samaritains & Phœniciens, ſoit en caracteres inconnus ; mais je ne toucherai point à la queſtion qui a été ſi fort agitée par pluſieurs Savants, tant au ſujet des monnoies qu'on a prétendu que les Juifs avoient eues dès les plus anciens temps, qu'au ſujet de celles qu'on attribue à des rois de Lydie. Je ne crois pas que juſqu'à préſent on en ait trouvé de plus anciennes en Orient que les *Dariques* que l'on a en or, leſquelles peſent environ deux dragmes. Quant aux médailles des villes qui étoient habitées par des Grecs, il faut diſtinguer celles de ces villes qu'ils poſſédoient ſur les côtes de la Méditerranée & du Pont-Euxin, de celles des villes qu'ils occupoient dans l'intérieur des terres. Les premieres avoient pour la plupart été bâties par divers peuples de Grece qui s'y étoient tranſplantés anciennement, & y avoient conſervé la langue, les mœurs & la forme de gouvernement des lieux d'où ils étoient originaires. C'eſt ce qui ſe reconnoît aux monnoies de ces eſpeces de Colonies, ſur leſquelles on voit aſſez communément les mêmes ſymboles, les mêmes divinités & les

mêmes fortes de Magiſtrats qu'on trouve ſur les
monnoies des villes de Grece qui avoient donné
naiſſance à ces peuples, ou plutôt à leurs ancêtres:
car preſque toutes ces Colonies étoient fort anciennes & avoient précédé le regne d'Alexandre
le Grand. Il paroît que quelques-unes de leurs
monnoies peuvent être en effet d'un temps antérieur à celui où ce Prince paſſa en Aſie; mais
ce ne fut qu'après ſa mort que des ſoldats de
ſon armée, & d'autres Grecs qui l'avoient ſuivi,
ou qui s'expatrierent encore depuis, s'établirent
dans un grand nombre de villes de l'intérieur du
pays, ſoit en chaſſant les anciens habitants qui y
étoient, ſoit en s'habituant avec eux. Ils s'en mirent ſi bien en poſſeſſion que la langue Grecque,
qui avoit déja commencé à s'y introduire par le
commerce, devint bien-tôt la langue prédomi-
nante, & que les monnoies de toutes les villes
furent fabriquées en caracteres Grecs, même
toutes les médailles des rois de Cappadoce, de
Pont, de Paphlagonie, de Bithynie & de Carie,
leſquels étoient pour la plupart Aſiatiques originaires des contrées où ils régnoient. On a
auſſi pluſieurs médailles en la même langue des
rois des Parthes & des Juifs; quelques-unes des
rois d'Arménie, d'Arabie, de l'Oſrhoene, de la

PLANCHE
III.

Bactriane & de Galatie, & d'autres encore de quelques Princes ou Dynastes de Cilicie, d'Isaurie, de Cibyre & de Palmyre. Je ne parle point de celles des rois d'Egypte, de Syrie, de Commagene & de Pergame, parce qu'il est tout naturel qu'ils les aient fait frapper en langue Grecque, puisqu'ils étoient eux-mêmes Grecs d'origine. Mais pour revenir aux médailles d'or que les villes en question ont fait fabriquer, le petit nombre qui s'en trouve semble mériter qu'on les fasse connoître, & qu'on cherche à découvrir les causes de leur rareté. J'ai déja dit qu'elles sont de deux sortes ; les unes qui contiennent le nom des villes en entier, ou en abrégé, sont de différents modules. Les autres qui sont toutes sans légende & d'un petit module, se ressemblent par leur forme, & par leur fabrique très-ancienne. On a jugé par les types & par les symboles qu'on y voit, qu'elles furent les premieres monnoies que firent frapper les villes qui avoient adopté particuliérement ces symboles, qu'on trouve sur les autres monnoies qu'elles firent frapper ensuite avec leurs noms. C'est de cette seconde espece qu'est la médaille attribuée à la ville de *Chalcedoine* que j'ai rapportée Tome II, Pl. XLI, N°. 8. Celles de la ville de *Cyzique*

que

que j'ai auffi données Pl. XLVIII. N°s. 9 & 10, font à peu près de même fabrique, & quoi-qu'elles ne contiennent point de légende, elles doivent être reconnues pour appartenir à cette Ville, parce que ce font, l'une un demi-ftatere, & l'autre un quart de ftatere, monnoies que l'on fait par les anciens Ecrivains avoir été les premieres qu'elle ait fait frapper avec le type d'une tête de lion qui y étoit re-préfenté comme fur ces deux-là. La médaille d'or de *Lampfaque*, rapportée Pl. XLIX, N°. 20. eft d'un plus grand module, & pefe 158 grains. Le cheval marin qui y eft repréfenté étoit le fymbole particulier de cette Ville, ainfi que fes autres monnoies d'argent & de bronze le font connoître. Pour ne point trop allonger cet article, je citerai feulement enfemble les autres monnoies d'or de petit module fans lé-gende, pefant chacune de 48 à 50 grains, lef-quelles, par rapport à leurs types, & aux let-tres feules que quelques-unes contiennent, m'ont paru pouvoir être référées aux villes de *Pergame*, *Abyde*, *Beryte*, *Salamis* & *Chio*. Les unes & les autres doivent être d'un temps où les Villes qui les ont ont fait frapper jouiffoient d'une entiere liberté fans dépendre d'aucune

III. SUPPLÉMENT.   I

PLANCHE III.

puiffance. Il n'en eft pas de même de la médaille de *Clazomenes* que j'ai rapportée Pl.
LVI, N°. 11, ni de celle d'*Ephefe* que je donne
préfentement. Leur forme & leur fabrique indiquent manifeftement qu'elles font d'un temps
poftérieur, ainfi que la médaille de *Smyrne* *,
du Cabinet du Roi, dont je crois devoir faire
mention en même-temps, parce que ce font les
feules de cette efpece que l'on connoiffe des
villes d'Afie. Je n'imagine pas que ces trois médailles fingulieres aient été frappées pour être
des monnoies courantes ; car foit que les villes
de *Clazomenes*, *Ephefe* & *Smyrne* reconnuffent
alors pour fouverains quelques-uns des Rois
fucceffeurs d'Alexandre, foit qu'elles fuffent
foumifes à la République ou aux Empereurs
Romains, il ne leur étoit plus libre de faire
fabriquer en leur nom d'autres monnoies qu'en
bronze pour l'ufage de leurs habitants. Si elles
en ont fait fabriquer quelques-unes en argent,

* Cette médaille repréfente, d'un côté, une tête de femme couverte de tours. De l'autre cô-té, il y a pour légende ΣΜΥΡΝΑΙΩΝ ΠΡΥΤΑΝΕΙΣ, & pour type une figure de femme debout, qui a la tête voilée avec un boiffeau au-deffus, & qui tient une Victoi-re de la main gauche, dont elle s'appuie fur une colonne. Span-heim a jugé que cette figure re-préfente la déeffe Vefta, & a pu-blié fur ce fujet un ouvrage fort eftimé qui eft intitulé : *De Vefta & Prytanibus Græcorum Diatriba.*

c'étoit pour d'autres deſtinations que pour ſervir de monnoies, comme je le dirai ci-après.
Mais ces Villes n'ont pu avoir le privilege d'en
faire battre en or plutôt que les Villes les plus
conſidérables & les plus opulentes, telles que
Sardes, qui étoit la capitale de Lydie, & avoit
été le ſiege des Rois; *Tarſe*, la plus floriſſante
& la plus peuplée de toutes les villes de Cilicie; *Antioche*, qui étoit la capitale du royaume
de Syrie, & qui fut même enſuite la capitale
de l'Empire Romain en Orient pendant longues
années. On n'a jamais vu de médailles d'or de
ces Villes, ni des autres qui étoient pareillement du premier ordre dans chaque contrée.
En vain diroit-on que ſi l'on n'en connoît pas,
c'eſt qu'on n'en a pas encore trouvé. Il n'eſt
pas probable que ſi elles avoient eu de ces
ſortes de monnoies, on n'en eût découvert aucune juſqu'à préſent, & qu'il ne s'en fût pas
rencontré ſur-tout dans les dépôts enfouis ſous
terre & dans les ruines des Villes où ces monnoies devoient ſe trouver auſſi bien que les médailles d'or de Philippe, d'Alexandre, de Lyſi-
maque & des Empereurs qui y ont été trouvées. Il y a donc tout lieu de penſer que les
trois médailles ſingulieres en queſtion n'étoient

I ij

point des monnoies, & qu'elles avoient été frappées en petite quantité pour des objets qu'on ignore. N'y auroit-il pas lieu de penser que celle d'*Ephese* auroit été destinée pour des offrandes, ou pour d'autres actes de piété & de religion, en des jours où l'on auroit fait des sacrifices solemnels dans le temple de Diane, & célébré des fêtes extraordinaires en l'honneur de cette Déesse ? La médaille de *Smyrne*, frappée au nom des Prytanes, & vraisemblablement à leurs frais, ne pourroit-elle pas avoir été aussi destinée, soit pour des offrandes en des cérémonies religieuses envers la déesse Vesta, dont le culte étoit commis particuliérement à leurs soins, soit pour des présents en certaines occasions, comme celles où ces Magistrats, qui précédoient tous les autres & avoient les premieres places dans le Sénat, congédioient les Ambassadeurs étrangers après les avoir reçus & traités comme leurs hôtes dans le Prytanée ? Je ne sais si le Magistrat, nommé *Lycæus* sur la médaille de *Clazomenes*, ne l'auroit pas fait frapper avec quelques autres pareilles en même-temps, pour les donner aussi par forme de présents après son élection aux autres Magistrats de la Ville. C'est

encore la coutume aujourd'hui en différents
corps de Magiftrature, & autres, que ceux qui
y font admis font à leur réception diverfes
fortes de préfents aux autres membres de ces
Corps. Il me femble que ce ne peut gueres
être pour d'autres ufages, comme je le marquerai plus particuliérement dans la fuite,
qu'ont été fabriquées quelques médailles d'argent dans des Villes qui n'avoient point de
monnoies en ce métal. Je ne donne cependant
mes conjectures à cet égard que pour ce qu'elles
peuvent valoir, & je fouhaite que ceux qui ne
les goûteront pas puiffent mieux réfoudre les
difficultés que ces médailles préfentent. J'y in-
vite fur-tout les Savants qui ont fait une étude
particuliere des ufages, des mœurs & de la forme de gouvernement des anciens Peuples, &
qui par-là font plus en état que je ne le fuis,
de donner fur cette matiere les éclairciffements
qui nous manquent. Je ne connois point d'autres médailles d'or qui aient été frappées avec
des noms de Villes en Orient, fi ce n'eft des
médailles d'Alexandre le Grand que j'ai données, lefquelles contiennent le nom de la ville
d'*Acre*, en caracteres Phœniciens, avec des
dates des années où elles ont été frappées. J'en

P L A N C H E
I I I.

ai auſſi rapporté d'argent de ce Prince, qui ont pareillement des légendes Phœniciennes. On attribue à des rois de Perſe d'autres médailles d'argent & de bronze où l'on voit de ſemblables caracteres qui montrent qu'elles ont été fabriquées en Phœnicie, & qu'elles ſont par conſéquent d'un temps antérieur au regne d'Alexandre. On trouve ſeulement ſur des médailles autonomes, & ſur quelques-unes des rois de Syrie, des noms de Villes en langue Phœnicienne. Tous les Antiquaires ont parlé de celles des Juifs que l'on a en caracteres Samaritains, leſquelles ſont d'argent & de bronze. On n'en connoît point en or. J'en ai rapporté pluſieurs en caracteres inconnus, qui ſont vraiſemblablement de quelques villes de Pamphylie, ou de Piſidie, dont les Peuples parloient diverſes langues barbares outre la Grecque, ſavoir la Lydienne, la Piſidienne & celle des *Solymes*. J'en ai auſſi donné d'autres fabriquées en ces contrées-là, dont les légendes ſont en caracteres Grecs anciens, employés pour inſcrire le nom barbare de la Ville qui les a fait frapper, de la maniere qu'il étoit prononcé par les habitants : ceux-ci étoient Grecs d'origine ; mais ils avoient oublié leur langue depuis qu'ils s'étoient expatriés, & ne favoient plus parler que celle du pays où ils avoient fixé leur demeure.

J'ai peu de chofe à dire fur les médailles d'Egypte & des autres parties de l'Afrique. On ne croit pas que les Egyptiens aient eu anciennement des monnoies ; & quoique l'Hiftoire faffe mention d'un Gouverneur d'Egypte qui, fous les rois Perfes, y en avoit fait battre en fon nom, jufqu'à préfent l'on n'a point vu de médailles qui y aient été frappées antérieurement au regne des Lagides. On en a de ces Rois en tous métaux. Sous l'Empire Romain, il y en fut fabriqué en potin & en bronze avec la tête des Empereurs. Quelques Villes feulement mirent leur nom fur plufieurs qu'elles firent frapper pour Trajan, Hadrien, Antonin & Marc-Aurele. Je n'ai rien à ajouter à ce que j'ai dit dans mes Recueils fur les médailles en caracteres Puniques & Numidiques. Les Carthaginois en ont fabriqué en tous métaux ; mais la plûpart de celles qui s'en trouvent font fans légendes. Sur toute la côte d'Afrique, depuis l'Egypte jufqu'en Mauritanie, les Romains avoient établi des Colonies dont on a des médailles latines. Les villes de la Cyrénaïque, qui

Planche
III.

étoient habitées par des Grecs, en ont fait frapper chacune, foit en argent, foit en bronze; mais on en trouve de tous métaux en plus grande quantité, qui avoient cours dans toute la contrée, & qui, fuivant les apparences, avoient été fabriquées dans la ville de *Cyrene*, qui en étoit la capitale. On en a d'or de cette Ville en tous modules & en grand nombre, lefquélles font pour la plûpart d'une très-belle fabrique. Il en vient encore fréquemment de ce pays-là, de forte que prefque tous les Cabinets en font garnis. De ce qu'on trouve tant de monnoies d'or de *Cyrene*, il y a lieu d'inférer qu'on en auroit auffi trouvé des villes Afiatiques les plus puiffantes, fi elles en avoient fait frapper en ce métal; & c'eft une addition à faire à ce que j'ai marqué précédemment fur ce fujet.

Je viens préfentement aux médailles d'argent dont j'ai annoncé que je ferois mention. J'ai déja dit, & je le répete, que les Villes aux-quelles il n'étoit pas permis de faire battre des monnoies en or, n'avoient pas non plus la liberté d'en faire fabriquer en argent. On a cependant, me répondra-t-on, des monnoies d'argent de plufieurs villes d'Afie. J'en conviens; mais

mais les unes font de Villes qui étoient libres
quand elles les ont fait frapper, & les autres
font de Villes à qui le privilege d'en faire fabriquer avoit été concédé par des Rois ou par
des Empereurs. Je citerai feulement pour exemple, afin de n'être pas trop long, celles que
l'on a de *Sinope*, d'*Abyde*, de *Cyzique*, de *Lampfaque*, de *Milet*, des villes de *Lycie*, & de quelques autres, lefquelles monnoies font d'un
temps où ces Villes étoient libres. Il en eft de
même des monnoies d'argent des Ifles de *Crete*,
de *Chio*, de *Rhode*, de *Sériphe* & autres. Les
Villes qui en ont fait fabriquer en vertu des
privileges que des rois de Syrie leur avoient
accordés font particuliérement celles d'*Arade*,
de *Tyr* & de *Sidon*. Si l'on en trouve de la ville
d'*Ephefe*, d'un temps qu'elle n'étoit pas libre,
tandis qu'on n'en a point de *Smyrne*, ni des autres villes d'Ionie, c'eft qu'elles y ont été frappées moins par aucune conceffion fpéciale accordée à la ville, qu'en vertu des privileges &
du droit d'afyle dont jouiffoit le temple de
Diane & fes dépendances; ces privileges, qui
étoient très-anciens, lui avoient été confirmés
par les Empereurs Romains. En parlant, comme je fais, des médailles d'argent, j'en excepte

PLANCHE
III.

III. Supplément. K

les médaillons qui n'avoient point été frappés pour être des monnoies courantes, non plus que les médaillons d'or & de bronze, si ce n'est dans les villes libres & privilégiées qui faisoient battre des monnoies d'argent de tous modules & de tout poids, depuis quatre dragmes jusqu'à une demi-dragme. On ne trouve que très-peu de médaillons des autres Villes. A peine en connoît-on un ou deux d'*Antioche* & de *Laodicée*, & quelques autres de *Séleucie* en Syrie. On en a aussi quelques-uns de *Sigée* en Troade, de *Cyme* & de *Myrina* en Æolie, de *Smyrne* & de *Lebedus* en Ionie, d'*Alabanda* & d'*Antioche* en Carie, de *Perga* & de *Side* en Pamphylie. J'en omets peut-être quelques-autres, mais qui ne peuvent être qu'en petit nombre. Il faut observer que toutes les Villes dont on a de ces médaillons n'ont point fait battre de monnoies en argent, ce qui me semble être une preuve que des médaillons si rares n'étoient point des monnoies, & que par conséquent ils devoient avoir une autre destination. Il me paroît aussi que ceux de *Sigée* & de *Perga* entre autres, dont les premiers ont pour légende ΑΘΗΝΑΣ. ΙΛΙΑΔΟΣ. & pour type la figure de Minerve, & les autres la légende ΑΡΤΕΜΙΔΟΣ. ΠΕΡΓΑΙΑΣ.

autour de la figure de Diane, ne peuvent avoir
été deftinés que pour des offrandes, ou des œu-
vres pies. Il n'eft pas aifé de bien connoître
quelle peut avoir été la deftination de plufieurs
autres. Outre ceux que je crois que des Magiftrats du premier ordre ont fait frapper pour
en faire des préfents après leur élection, il
peut y en avoir quelques-uns dans le nombre
qui aient été deftinés auffi pour des préfents
en des occafions de réjouiffances publiques,
de jeux & de fêtes folemnelles, comme je l'ai
dit des médaillons de bronze qui ont été frappés en femblables occafions. Mais fi des principaux Magiftrats ont fait des préfents de médaillons d'argent à leur réception, d'autres Magiftrats, d'un ordre inférieur, ont bien pu en
faire auffi de fimples médailles d'argent ; & il
n'eft pas hors de vraifemblance que c'étoit pour
un pareil ufage qu'a été frappée la feule médaille de Smyrne qui foit connue en argent
jufqu'à préfent, que j'ai rapportée Tome II,
Pl. LVIII, N°. 45, & qui a pour légende
ΣΜΥΡΝΑΙΩΝ. avec un nom de Magiftrat, favoir ΕΠΑΝΔΡΟΣ. Si l'on en trouve de même
efpece d'autres Villes qui n'avoient pas le droit
de faire battre des monnoies en ce métal, il

Planche
III.

faut qu'elles aient été frappées pour le même objet, à moins qu'elles ne soient reconnues pour être d'un temps où ces Villes étoient libres. On ne peut dire la même chose de la médaille d'argent de *Smyrne* en question ; parce que si elle avoit été frappée dans les temps où cette Ville a été libre, il devroit se trouver plusieurs de ses monnoies en argent de ces temps-là, vu le grand commerce qui s'y est toujours fait par terre & par mer, de maniere qu'elles pouvoient être portées par-tout où l'on en trouve des autres Villes commerçantes. Je ne puis m'empêcher, en finissant cet article, de citer un fait propre à confirmer l'opinion où je suis que les Villes, même les plus considérables, en Orient, ne faisoient pas battre des monnoies d'argent en leur nom. C'est l'acquisition qui m'a été faite de tout le dépôt de médailles qui s'est trouvé près de *Laodicée*, aujourd'hui *Latakié* en Syrie. Il étoit composé, comme on l'a vu par celles que j'en ai rapportées, de médailles que l'ancien possesseur de ce petit trésor avoit ramassées de tous côtés, & notamment de médailles du pays où il étoit, savoir de celles des rois de Syrie depuis Séleucus I jusqu'à Antiochus IV, & de monnoies de la ville libre & privilégiée d'Aradus. Pourquoi ne s'en eſt-il point trouvé dans le nombre, ni de *Laodicée*, ni des villes d'Antioche, de Séleucie, d'Apamée & de Tripolis? Il étoit plus aiſé à cet homme, qui étoit ſur les lieux, d'en ramaſſer de celles-là que des autres, & puiſqu'il ne s'en eſt rencontré aucune de ces Villes dans ce dépôt, c'eſt une marque bien évidente, à mon avis, qu'elles n'avoient pas de monnoies en ce métal, ſi ce n'eſt celles qui y étoient alors frappées au nom des rois de Syrie.

Je ne parle point ici des Ciſtophores, qui ſont des eſpeces de médaillons, parce que j'en ai fait mention ſuffiſamment *Tome II*, *page 29*, où j'ai marqué comment, & pour quel uſage, je penſe qu'ils ont été fabriqués dans pluſieurs Villes, ſavoir à *Apamée* & à *Laodicée* en Phrygie, à *Pergame* en Myſie, à *Epheſe* en Ionie, à *Sardes* & à *Tralles* en Lydie. On n'en connoît point d'autres Villes. Ceux qui ont été attribués à l'Iſle de Crete par quelques Antiquaires, ont été mal lus, & n'en ſont point.

P L A N C H E
III.

ITALIA. Corfinium.

N°. 2.

L A feconde médaille de cette Planche qui a
pour légende ITALIA, repréfente d'un côté
une tête de femme, couronnée de laurier, &
de l'autre côté, la Victoire qui couronne une
figure de femme affife fur des boucliers, laquelle eft appuyée de la droite fur une hafte,
& porte la gauche fur un parazonium qui eft
attaché à fa ceinture. Il eft aifé de reconnoître
que par cette figure, & par la tête de femme
couronnée de laurier qui eft fur l'autre face,
on a voulu repréfenter l'*Italie* fous l'image
d'une divinité, de même que la ville de *Rome*
étoit repréfentée fur d'autres médailles. Refte
à favoir par qui, en quel temps, & dans quelle
Ville, a été frappée cette médaille, dont aucune
pareille n'a été publiée jufqu'à préfent. Il faut
obferver d'abord qu'on y voit au-devant de
la tête la marque du denier Romain X. qui
fe trouve ordinairement fur les médailles appellées Confulaires; qu'elle leur reffemble d'ailleurs par la forme, par la matiere & par le
poids, mais qu'elle en differe par fa fabrique
qui eft moins bonne; & qu'il y a d'autant

moins lieu de penſer qu'elle ait été frappée à
Rome, que cette Ville n'a jamais employé le
mot ITALIA ſur ſes monnoies. Je crois pouvoir dire avec aſſurance qu'elle eſt des Peuples qui, ſous le nom commun d'*Italici*, ſe ré-
voltèrent contre les Romains en l'année 663 de
Rome, & s'allierent enſemble pour leur faire
la guerre, qui delà fut appellée *la guerre ſo-
ciale*. Perſonne n'ignore les cauſes & les événements de cette guerre, dont l'hiſtoire fait
mention en détail. Il y eſt dit que ces rebelles
formerent, à l'exemple de la République Romaine dans la ville de *Corfinium*, capitale des
Péligniens, une eſpece de Conſeil, ou de Sénat, compoſé de Députés de toutes les Villes
confédérées. Ce fut-là apparemment que huit
chefs des principaux Peuples révoltés, jurerent
d'obſerver exactement leur traité d'alliance par
une forme de conjuration ſinguliere, qui eſt
repréſentée ſur quelques médailles, où l'on
voit ces huit chefs debout tenant chacun une
baguette dont ils touchent une truie que leur
préſente un homme qui eſt à genou au milieu d'eux, au pied d'une longue pique plan-
tée en terre comme ſignal de guerre. Ces mé-

P_{LANCHE}
III.

dailles * font femblables à celle que je donne ici non-feulement par leur fabrique, mais encore par la tête de femme qui y eft repréfentée, & par la légende ITALIA. La différence confifte feulement dans le type du revers, où les Rebelles ont fait mettre l'image & le nom de l'*Italie*, comme les Romains mettoient le plus fouvent l'image de Rome, & fon nom, fur leurs monnoies d'argent. S'ils y ont fait mettre auffi la marque X, c'étoit pour en défigner la valeur, parce qu'avant leur révolte ils étoient accoutumés à ne fe fervir pour leur ufage que de monnoies Romaines, où leur valeur étoit indiquée, foit par cette marque, foit par d'autres relatives à l'as Romain. A l'égard de la lettre C, qui eft fur le revers, on peut juger que la médaille a été frappée dans la ville dè *Corfinium*, laquelle y aura défigné fon nom par cette lettre, qui en étoit l'initiale.

* J'ai fait graver fous le Nᵒ. 3. une de ces médailles qui ont été publiées, afin d'épargner au Lecteur la peine de la chercher ailleurs pour en faire la comparaifon.

HERACLEA

HERACLEA in Ponto.

L A médaille que préfente le N°. 4, eft de la ville d'*Héraclée du Pont*, comme les légendes en dialecte Dorique TON. KTICTAN. HPA-KΛEΩTAN. & le type du revers qu'elle contient, le font connoître. J'ai cru devoir la donner, tant parce que c'eft un médaillon fort épais, & que les médailles de Villes en ce module font fort rares, que parce qu'elle m'a fait faire des remarques fur d'autres médailles de cette Ville. Les anciens Auteurs qui en ont parlé difent, pour la plûpart, qu'elle avoit été fondée par des Mégariens ; & Arrien l'appelle *Ville Dorique*, parce que, comme le dit Paufanias, le dialecte Dorique étoit devenu la langue des Mégariens après que la ville de *Mégare*, qui faifoit partie de l'Attique, s'en fut féparée en recevant une Colonie de Péloponnéfiens, qui y introduifirent leur langue & leurs mœurs. Mais il paroît par les médailles Autonomes & Impériales que l'on a de cette Ville, qu'elle en a fait frapper également, & dans un même temps, en langue Dorique & en langue Atti-que ; d'où il y a lieu de juger que ces deux langues s'y parloient alors par le mélange qui

III. SUPPLÉMENT. L

Planche
III.

N°. 4.

s'y étoit fait de divers Peuples de Grece, dans les révolutions fréquentes qui, de libre qu'elle étoit, la firent paſſer tantôt ſous la puiſſance de pluſieurs Tyrans, tantôt ſous celle des rois de Pont, & enfin ſous la domination des Romains. Il faut diſtinguer les médailles Autonomes des médailles Impériales, qui ont les unes & les autres des légendes dans les deux langues.

On trouve ſur la plûpart des médailles Autonomes ΗΡΑ, ΗΡΑΚΛΕΙΑ, ou ΗΡΑΚΛΕΙΑC. Il y en a de différentes Villes du nom d'*Héraclée* qui ont à la vérité les mêmes légendes, mais qu'on reconnoît pour leur appartenir d'autant mieux qu'elles reſſemblent à d'autres médailles de ces Villes qui ont le plus ſouvent pour légende, ſoit ΗΡΑΚΛΕΩΝ, ΗΡΑΚΛΕΙΩΝ, ou ΗΡΑΚΛΗΙΩΝ, ſoit ΗΡΑΚΛΗΤΩΝ, ou ΗΡΑΚΛΕΩΤΩΝ. avec quelques marques diſtinctives, telles que ſont les différents types, & entr'autres marques celle d'aſpiration qui précéde la premiere lettre Η. ſur les médailles de l'*Héraclée* qui étoit ſituée dans le golfe de Tarente en Italie. On reconnoît de même celles de l'*Héraclée du Pont* à leurs types & à leur fabrique. Il n'y a pas de difficulté pour celles

dont la légende eſt HPAKΛEΩTAN. qui ſe trouve
ſur le préſent médaillon.

Le nom de la ville d'*Héraclée de Pont* n'eſt
écrit que de deux manieres ſur les médailles
Impériales, ſavoir, HPAKΛEIAC. EN. ΠΟΝΤΩ.
ſur les unes, & HPAKΛEΩTAN. ſur les autres.
Quelques-unes de celles-ci ont HPAKΛEΩTAN.
MHTPOΠOΛITAN. Elles ſont de Trajan & de
Gordien. Le titre de Métropole qui eſt ſur ces
médailles a embarraſſé Vaillant, qui n'a pas cru
qu'elles puſſent être de l'*Héraclée du Pont*, parce
qu'il y avoit deux autres Métropoles dans le
Pont, ſavoir, *Amaſie* & *Néocéſarée*, & qu'il ne
pouvoit y en avoir une troiſieme. Mais cette
ville d'*Héraclée* étoit en Bithynie, & on ne l'appelloit HPAKΛEIA. EN. ΠΟΝΤΩ. que par rapport à ſa ſituation ſur le bord du Pont-Euxin.
Il ſe peut bien que le titre de Métropole qu'elle
prenoit ne fût qu'un titre honorifique, ou que
ſa juriſdiction ne s'étendît que ſur un petit
canton de la Bithynie. D'ailleurs il n'eſt pas
ſans exemple que ſous les Empereurs Romains
il y eût deux Métropoles dans une même contrée, ou Province. *Amaſie* & *Néocéſarée* n'a-
voient-elles pas le titre de Métropoles dans le
Pont, ainſi que *Tarſe* & *Anazarbe*, & même

Diocéfarée en Cilicie? Il en eft à peu près de ce titre de ΜΗΤΡΟΠΟΛΙC. comme de celui de ΠΡΩΤΗ. ΑCΙΑC. que prenoient les villes d'*Ephefe*, de *Smyrne* & de *Pergame*. *Héraclée du Pont* avoit pris auffi le titre de Néocore, comme le fait connoître une médaille que j'ai de Gallien avec la légende ΗΡΑΚΛΕΩΤΑΝ. ΝΕΩΚΟΡΩΝ. On n'en connoît point d'autres de cette Ville où elle fe foit décorée de ce titre. Peut-être ne l'avoit-elle point obtenu avant le regne de cet Empereur.

J'ai dit que le type du revers du médaillon en queftion, qui repréfente la figure d'Hercule tenant d'une main le Chien Cerbere enchaîné, fait connoître qu'il eft de l'*Héraclée du Pont.* Je dois en marquer la raifon : c'eft que près de cette Ville il y avoit un lieu appellé *Cherfonefus Acherufia*, par où, fuivant la fable, il avoit tiré ce monftre des Enfers. S'il eft encore repréfenté de l'autre côté avec le titre de ΚΤΙCΤΗC, c'eft auffi parce que, fuivant un autre trait de l'Hiftoire fabuleufe, les Mariandyniens, Peuples voifins de cette Ville, prétendoient qu'Hercule la leur avoit donnée.

Ce que je viens d'obferver au fujet des médailles qui ont pour légende ΗΡΑΚΛΕΩΤΑΝ.

m'a rappellé celles que j'avois attribuées à l'*Hé-raclée d'Acarnanie*, à caufe de leur terminaifon en dialecte Dorique. Il y auroit lieu de croire par la même raifon, qu'elles feroient plutôt de l'*Héraclée du Pont*. Mais deux autres médailles en argent qui me font venues depuis peu de *Naples*, font connoître qu'elles font de l'*Héra-clée d'Italie*, parce que les unes & les autres fe reffemblent entiérement tant par la tête d'Hercule qui eft repréfentée fur un des côtés, que par le type du lion paffant qui eft fur l'autre côté. Pour faire voir la conformité qu'il y a entre ces médailles, je donne fous le N°. 5 une des deux d'argent, & je rapporte de nouveau, fous le N°. 6, une de celles que j'avois référées à l'*Héraclée d'Acarnanie*. Ce qui me fait penfer qu'elles appartiennent effectivement à l'*Héra-clée d'Italie*, c'eft non-feulement le lieu d'où elles m'ont été envoyées, mais encore plus les deux feules lettres H E. qu'on y voit au lieu de légende. Ces deux lettres méritent d'être remarquées, non parce qu'elles feroient les premieres du nom latin d'*Héraclée*, ce qui ne peut être, les médailles étant Grecques; mais parce qu'elles y forment le fon rude & afpiré de la premiere fyllabe du nom de cette Ville, tel

PLANCHE III.

N°. 4.

N°. 5.

N°. 6.

HERACLEA in Italia.

qu'il étoit prononcé par ſes habitants, qui auront varié en différents temps la marque de cette aſpiration ſur leurs monnoies, en mettant ſur les unes, comme ſur celles d'argent dont il s'agit, un *Eta* au-devant d'un *Epſilon*, & ſur les autres, la moitié d'un *Eta* avant un *Eta* entier, comme on le voit ſur la plûpart des autres médailles de leur Ville. On ſait que le caractere H. étoit chez les Grecs une marque d'aſpiration, avant que l'uſage des voyelles longues *Eta* & *Omega* eût été introduit dans leur alphabeth. Suivant l'ancienne coutume, le nom de la ville d'*Héraclée* étoit écrit HEPA-KΛEIA. Après qu'ils eurent admis dans leur alphabeth ce caractere H pour voyelle longue, ils n'en employerent plus que la moitié, ſavoir Ⱶ pour marque d'aſpiration, de maniere que le nom d'Héraclée fut écrit alors ⱵHPA-KΛEIA. Mais l'uſage de ces ſortes de marques ne paſſa pas dans toutes les Contrées habitées par des Grecs; & ſi elles ont été employées dans l'écriture de beaucoup de manuſcrits & d'inſcriptions, on ne les a gueres trouvées juſqu'à préſent que ſur les médailles de l'*Héraclée d'Italie*. Il faut remarquer auſſi qu'outre les médailles d'argent qui n'ont, au lieu de légende, que la premiere syllabe de son nom écrite par HE, elle en a fait frapper d'autres en bronze avec la même syllabe écrite par ƎH, telle qu'est celle que j'ai rapportée Tome I, Pl. 11, N°. 12. Je la remets ici sous les yeux des Lecteurs dans la Planche présente N°. 7, afin qu'ils voient mieux toutes les conformités qu'il y a entre ces diverses médailles. Au surplus, l'on conçoit aisément pourquoi la ville d'*Héraclée d'Italie* a fait frapper des monnoies en langue Dorique & en langue Attique. Suivant le rapport de Strabon, on devoit y parler ces deux langues. Il dit qu'après que les Tarentins l'eurent fait bâtir, ce qui fut vers l'an 330 de Rome, ils en firent une Colonie composée en partie de Tarentins, & en partie de Thuriens, qui habitoient alors la ville de *Siris*. Or les Tarentins & les Thuriens, qui étoient originaires les uns de Laconie, & les autres de l'Attique, avoient apparemment conservé le langage différent qu'ils avoient apporté des pays d'où ils étoient. Il seroit difficile de découvrir en quels temps précisément ces diverses médailles ont été frappées. On sait seulement que la ville d'*Héraclée*, qui fut d'abord dépendante de celle de Tarente, s'en détacha

PLANCHE
III.
N°. 6.

N°. 7.

Planche
III.
N°. 7.

dans la fuite, & devint libre environ cent ans après fa fondation, & que ce ne fut qu’en l’année 663 de Rome, qu’elle fe foumit à la domination & aux loix des Romains. Ainfi tout ce qu’on peut dire de l’âge des médailles qui s’en trouvent, c’eft qu’elles font d’un temps antérieur à cette année.

SIRIS in *Italia.*

N°. 8.

LA médaille de bronze que je rapporte fous le N°. 8, m’eft venue de Naples avec les deux d’argent d’*Héraclée*, dont j’ai ci-devant fait mention. Elle n’eft pas d’une entiere confervation, & cependant il me paroît qu’il n’y a pas lieu de douter qu’elle ne foit de la ville ou du port de *Siris*, dont on n’a vu aucune médaille jufqu’à préfent. On y lit diftinctement d’un côté ΣΕΙΡΙ; & de l’autre côté il n’y a que les lettres Λ Α, qui fans doute étoient fuivies de quelques autres lettres que le bifeau a emportées. Le nom de cette Ville eft écrit dans les anciens Auteurs, tantôt ΣΙΡΙΣ, tantôt ΣΕΙΡΙΣ avec une diphthongue comme fur la préfente médaille. La lettre R de forme latine qu’on y voit pourroit peut-être caufer une difficulté; mais les
Grecs

Grecs formoient anciennement leur *Rho* de cette
maniere, en y mettant une queue plus courte
qu'elle ne l'eſt dans l'écriture des Latins qui
avoient pris des Grecs cette lettre, ainſi que la
plûpart des autres de leur alphabeth. Elle ſert par
conſéquent à faire connoître dans cette médaille,
qu'elle eſt d'une fabrique qui en indique l'antiquité. La Ville qui l'a fait frapper, étoit en effet une
des plus anciennes d'Italie, & avoit été pendant
un temps ſi puiſſante, que toute la Contrée qui
l'environnoit étoit appellée *Siritide* de ſon nom.
Suivant Strabon & d'autres Auteurs qui parlent
de cette Ville, qui étoit ſituée à l'embouchure
d'un fleuve portant le même nom de *Siris*, elle
fut habitée primordialement par des Ioniens
& par des Troyens. Dans la ſuite des temps, les
Sybarites ayant été défaits entiérement dans une
bataille par les Crotoniates qui détruiſirent en
même temps la ville de *Sybaris*; ceux qui s'en
étoient ſauvés, implorerent le ſecours des Athéniens qui leur envoyerent des vaiſſeaux & un
grand nombre d'hommes, avec leſquels ils
bâtirent une autre Ville à la place de *Sybaris*,
& l'appellerent *Thurium* du nom d'une fontaine
qui en étoit proche. Les Habitants de cette nouvelle Ville, compoſés d'Athéniens en plus grande

III. SUPPLÉMENT. M

partie , prirent de-là le nom de *Thuriens* , &
dans une guerre qu'ils eurent enfuite conjointement avec les Tarentins, touchant la poffeffion
de la Siritide, ils s'emparerent de la ville de *Siris*,
dont ils chafferent les Habitants ; après quoi
les Tarentins les obligerent eux-mêmes à aller
peupler la ville d'*Héraclée* , qui en étoit diftante
de plus d'une lieue dans l'intérieur des terres ,
de forte que *Siris* déchut alors de fa grandeur,
& ne fut plus qu'un port dépendant d'*Héraclée*.
Si la médaille en queftion n'eft pas d'un temps
antérieur à la fondation de cette ville d'*Héraclée*,
elle peut bien avoir été frappée après dans le
port de *Siris*, qui, par fa fituation & par le
commerce qui s'y faifoit , devoit être affez peuplée pour avoir des monnoies particulieres à
l'ufage de fes Habìtants.

P. S. Sans rien changer à ce que j'ai dit dans l'article précédent, je rapporte fous les N°. 9 & 10, deux autres médailles
que j'ai trouvées depuis , lefquelles font jugées être de la ville
de *Siris* ; fur la premiere , on lit en effet ΣΕΙΡΙΖ , au-deffus
d'une proue de navire qui eft repréfentée fur un des côtés.
Ce type convenoit à un port de mer, tel que l'étoit cette Ville;
& la lettre Ρ formée avec la queue courte, comme dans la
légende de la précédente médaille , femble défigner encore
qu'elles font l'une & l'autre de la même Ville. Sur l'autre côté,
font les lettres ΚΟΤΝ, autour d'un vafe à deux anfes. Ce
mot ou demi-mot défigne pareillement un nom de Magiftrat ,

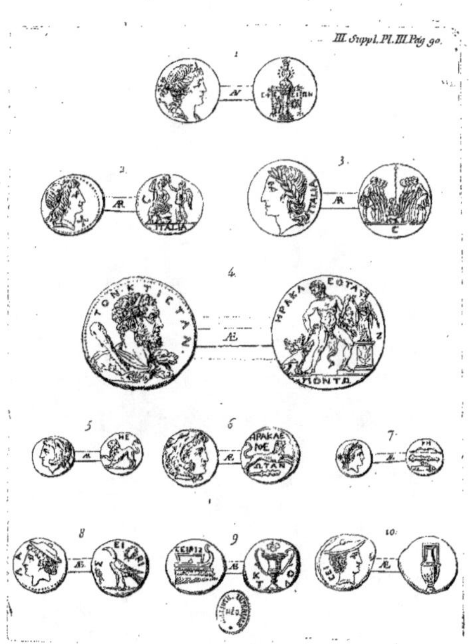
III. Suppl. Pl. III. Pag. 90.

comme les lettres ΛΛ en indiquent un autre fur la médaille
du N°. 8. A l'égard de celle qui fuit n°. 10, il n'y a pour toute
légende que les lettres ΣEI. derriere une tête, qui par l'efpece
de chapeau dont elle eft couverte, paroît être celle de Mercure, autre type convenable à une Ville de commerce où le
Dieu des Marchands étoit fans doute révéré particuliérement.
C'eft auffi un vafe à deux anfes qui eft au revers, mais d'une
forme qui n'eft pas tout-à-fait femblable à celle du vafe repréfenté fur l'autre médaille.

PLANCHE
III.
N°s. 9. 10.

BRETTUS vel BRETTIA in Italia.

D E toutes les médailles des villes d'Italie que
j'ai vues jufqu'à préfent, celle que je donne au
commencement de cette Planche, me paroît
être une des plus fingulieres. En la recevant, je
reconnus, au premier coup d'œil, qu'elle étoit
des Peuples de la grande Grece appellés *Bruttiens,* parce que j'en ai plufieurs toutes femblables
par la forme, par la fabrique & par le type, qui
ont pour légende BPETTIΩN. Mais au lieu d'y
trouver cette légende Grecque, je fus étonné
d'y voir quatre lettres, foit Phœniciennes, foit
Ofques ou Etrufques. Suivant les alphabeths
qu'on a tirés des médailles & des infcriptions
qui nous reftent en ces diverfes langues, le
premier des quatre caracteres, en lifant de
droite à gauche, eft fûrement un *Beth;* le fecond,

PLANCHE
IV.
N°. 1.

M ij

Planche
IV.
N°. I.

un *Iod** ; le troifieme un *Resch* , & le quatrieme un *Thau* ; de forte qu'ils forment enfemble le mot *Birth* , qui devoit être originairement le nom de la Ville où la médaille a été frappée en la langue des Peuples qui l'habitoient. Les Grecs y ayant introduit la leur dans la fuite, elle fut appellée alors ΒΡΕΤΤΟΣ felon Etienne de Byzance, & ΒΡΕΤΤΙΑ , fuivant quelques autres. Il y a tout lieu de penfer qu'elle fut détruite quelque tems après, les anciens Auteurs Grecs n'ayant plus nommé cette Ville dans leurs écrits; mais ils ont fait fouvent mention des Peuples, qui, de fon nom, étoient appellés ΒΡΕΤΤΙΟΙ. Les Latins de leur côté les appellerent *Brutates, Brentii , Brittii* , & plus communément *Bruttii.* Toutes ces variétés de nom proviennent de deux caufes, autant que j'en puis juger. L'une eft que du nom primordial *Birth*, la feconde & la troifieme lettre ont été tranfpofées , ce qui arrive dans plufieurs langues , où les mots qui ont une voyelle avant la confonne R , font prononcés affez fouvent comme fi cette confonne précédoit la voyelle, de maniere qu'au lieu de *Birth* , les

---

* Je n'ignore pas que les favants Antiquaires Bourguet & Gori ont jugé que ce caractere a la valeur d'un E fur les monuments Etruf- ques ; mais que ce foit un E ou un I , la chofe revient au même pour l'interprétation de la préfente médaille.

Grecs ont d'abord dit *Brith*, & enfuite *Breth* en
changeant l'I en E, ce qui eft la feconde caufe
qui leur a fait prononcer & écrire *Breth* au lieu
de *Brith*, en ajoutant la terminaifon OΣ que
leur langue exigeoit. Ces permutations de
voyelles étoient pareillement en ufage chez les
Latins, qui changerent en la voyelle V la
voyelle E de BPETTIOI, d'où ils ont écrit le
plus ordinairement par *Bruttii*, le nom de ces
Peuples. Mais ce qui ne mérite pas moins d'être
remarqué dans la maniere dont leur nom eft
écrit fur cette médaille, c'eft la forme des
caracteres dont il eft compofé, lefquels femblent
pouvoir conduire à faire connoître le pays d'où
ils les avoient apportés quand ils pafferent dans
la partie de l'Italie qu'ils occuperent. Il eft évident que les trois premiers de ces caracteres,
favoir le *Beth*, le *Iod* & le *Resch* font Phœniciens,
tels qu'on les trouve figurés fur des médailles &
fur des infcriptions en cette langue. A l'égard
de la quatrieme lettre, c'eft un *Thau* Samaritain
formé d'un trait perpendiculaire qui eft tranché
d'un autre trait, tantôt par le haut, tantôt par
le milieu, & qui l'eft par le bas fur la médaille
en queftion. Les Phœniciens qui avoient emprunté plufieurs autres lettres des Samaritains,

PLANCHE
IV.
N°. I.

PLANCHE
IV.
N°. I.

pouvoient bien avoir auſſi employé celle - là anciennement dans leur écriture. On trouvera ſans doute, que tout ce que je viens de dire, tend à faire regarder les Bruttiens comme originaires de Phœnicie, ſoit qu'ils ſoient venus directement de ce pays-là en Italie, ſoit qu'ils y aient paſſé de l'Iſle de Crete, dans laquelle les Phœniciens ou Philiſtins, appellés *Cérethim*, s'étoient tranſplantés auparavant. Je n'entrerai point dans cette queſtion qui a été aſſez diſcutée par des Savants qui y ont compris pluſieurs autres anciens Peuples de la grande Grece. Je connois trop mon inſuffiſance, pour prétendre rien décider en pareille matiere; mais je crois qu'il peut m'être permis d'adhérer au ſentiment de ceux qui ont regardé, comme Phœniciens d'origine, les Peuples dont on voit par les médailles, que les caractères de leur écriture reſſembloient le plus aux caractères qui ſont reconnus pour être purement Phœniciens; & je ſuis perſuadé, que ſi ces Savants avoient connu la médaille que je rapporte ici, ils s'en feroient autoriſés, pour donner aux Bruttiens la même origine.

MURGANTIA in Samnio.

QUOIQUE la médaille présentée sous le N°. 2 ne soit pas d'une entiere conservation, on y lit bien le nom de la ville de *Murgantia*, qui y est écrit en caracteres Etrusques. Tite-Live est le seul Auteur ancien qui ait parlé de cette Ville, en faisant le récit des exploits du Consul Publius Décius dans la guerre contre les Samnites en l'année 457 de Rome. Il dit que c'étoit une place forte & riche, qui fut prise d'assaut, & dont le pillage, qui étoit considérable, fut abandonné aux Soldats de l'armée Romaine, & partagé entr'eux. Mais il ne fait point connoître en quel endroit du *Samnium* elle étoit située. Quelques-uns ont jugé qu'elle étoit entre *Bovianum* & *Benevent.* Il faut qu'elle fût bien près de la partie de la *Campanie* qui touchoit au *Samnium*, puisqu'elle employoit sur ses monnoies, le même type du bœuf à tête humaine qui étoit particulier aux villes de la *Campanie*, comme on le voit par les médailles, entr'autres de *Teanum*, de *Cales*, de *Nola*, de *Cumes*, & de *Naples.*

N°. 2.

UXENTUM in Calabria.

Nᵒˢ. 3. 4.

JE crois pouvoir attribuer les deux médailles préfentées fous les N°. 3 & 4, à la Ville appellée Ὀυξεντον en Grec, *Uxentum* en Latin, & *Ogento* en Italien. Il n'eft pas douteux au moins qu'elles ne foient d'une ville de la grande Grece. On le reconnoît à leur fabrique, & fur-tout à la lettre S qui eft dans l'une à la gauche de la figure, & dans l'autre à la droite de cette même figure, où elle ne peut avoir été mife que pour en marquer la valeur; favoir, *Semiffis*, c'eft-à-dire, la moitié de l'As Romain. La plûpart des villes de ce Pays-là, après avoir été foumifes à la République Romaine, marquerent pareillement fur leurs monnoies, foit par cette lettre, foit par des globules, la valeur qu'elles avoient relativement aux diverfes parties de l'As. La même lettre S fe trouve particuliérement fur plufieurs médailles de la ville de *Brundufium*, qui étoit pareillement fituée en Calabre. La légende de celles-ci pouvant caufer quelques difficultés, je dois les prévenir, & tâcher de les lever. D'abord, fur la médaille du N . 3, le premier caractere qui eft un O, paroît formé d'une façon finguliere & infolite. Je l'avoue;

l'avoue ; mais ne peut-il pas avoir été figuré de
la sorte, pour marquer le son particulier qu'avoit
la premiere syllabe du nom de cette Ville, que
les Grecs ont exprimé par la diphthongue ου,
les Latins par la lettre *U*, & les Italiens par la
voyelle *O?* Il est certain au moins, que cette
voyelle est très-bien formée sur l'autre médaille,
& qu'elles sont l'une & l'autre d'une entiere conservation. On dira peut-être, que la seconde
syllabe est ΞΑΝ, sur les deux médailles, & non
pas ΞΕΝ, comme dans le nom grec Ουξεντου : à cela,
je réponds que ce nom ne se trouve que dans
Ptolémée, & que tout le monde sait que les
lettres E & A, se permutoient souvent ; & que
les syllabes *Sen* & *San*, avoient à peu près le
même son , comme elles l'ont en notre langue.
Enfin, si la légende ne contient que la moitié
du nom de la Ville, c'est que beaucoup de
villes de la Grande Grece, étoient dans l'usage
de marquer ainsi leurs noms sur leurs monnoies,
ainsi qu'on le voit par les médailles, qui ont
seulement pour légende BRVN. HPA. KAVΛ.
ϘPO. META. ΓΑΙS. ΓΟΣΕΙ. &c. Je n'ai rien à dire
sur la tête de Minerve, ni sur le type ordinaire
d'Hercule qu'on voit sur les deux médailles en
question, si ce n'est que les Habitants d'Uxentum

III. SUPPLÉMENT. N

PLANCHE
IV.
Nᵒˢ. 3. 4.

avoient apparemment ces Divinités en vénération. L'histoire ne nous ayant rien transmis au sujet de cette ancienne Ville, dont on n'avoit point encore connu de médailles, je me borne à faire voir que c'est à elle que celles-ci doivent appartenir ; Ptolémée est le seul Auteur qui, comme je l'ai déja dit, en ait fait mention sous le nom de οὔξεντον. Elle est marquée sous celui d'*Uhintum*, dans la table de Peutinger. On trouve qu'elle a été appellée *Uxentum* par quelques autres Ecrivains qui l'ont placée dans la région des Salentins, au sud-est de *Tarente* ; que c'étoit une Ville Episcopale dans le onzieme siecle, mais qu'à présent ce n'est qu'un village appellée *Ogento*.

FALERII, vel *FALISCA* in *Etruria*.

Je ne sais si l'on peut attribuer avec autant de fondement à la ville de *Falerii*, ou *Falisca*, la médaille que je donne sous le Nᵒ. 5. On réfere ordinairement à cette Ville, d'autres médailles qui n'ont pour légende que les lettres FA. qu'on voit sur celle-ci, au-dessus du cheval qui est représenté au revers ; mais on y voit aussi au-dessous les lettres ΓΥΡ. qui seront les premieres d'un nom de Magiſtrat, ſi la médaille appartient effectivement à la Ville en queſtion. Ce qui pourroit le faire croire, c'eſt que ſur d'autres médailles que j'ai déja rapportées de la même Ville, il paroît qu'elle avoit des Magiſtrats qui n'y faiſoient mettre pareillement que les premieres lettres de leur nom. D'un autre côté, je trouve que par ſa fabrique, par la tête qui y eſt repréſentée, & par le type du revers, elle différe de toutes les autres qui ont été publiées, ſoit avec les ſeules lettres FA. ſoit avec la légende entiere ΦΑΛΕΙΩΝ. au ſurplus on peut voir ce que diſent Spanheim & le P. Hardouin, au ſujet des différents noms que les anciens Auteurs ont donnés à cette Ville, ainſi qu'aux Peuples qui l'habitoient.

PLANCHE
IV.
Nᵒ. 5.

Quelques uns ont attribué cette médaille à une ville d'Umbrie appellée Fanum et aujourdhui Fano. Voyez Eckhel Doctrina numorum I. 96. mais on a aucune médaille certaine de cette ville.

A. L. Millin.

P Æ S T U M in Italia.

PARMI les médailles des Familles Romaines qui ont été publiées par Vaillant & par Haver-camp, ils en ont rapporté une toute ſemblable par le revers à celle que préſente le Nᵒ. 6, & ils l'ont attribuée à la famille *Fadia*, pour laquelle ils n'en ont donné aucune autre. Il faut que leur médaille ne fût pas bien conſervée du côté

Nᵒ. 6.

de la tête, puifqu'ils n'y ont point remarqué de légende, & que fur celle-ci, qui, comme je l'ai dit, eft toute pareille ; on lit diftinctement PAE vis-à-vis de la tête. Il n'y a pas lieu de douter que ces trois lettres ne défignent le nom de la ville de *Pæftum*. La plûpart des autres médailles que l'on a de cette Ville, n'ont pareillement pour légende, que les trois mêmes lettres, foit avec la grande S qui eft derriere la tête, foit avec des globules, qui marquoient, ainfi que la lettre S, la valeur de ces monnoies. Quant à la légende du revers qui confifte dans les lettres L. FAD. & L. SAT. il eft reconnu qu'elles indiquent des noms de Magiftrats particuliers de la Ville, qui fe faifoient nommer de la forte fur les monnoies qui étoient fabriquées durant leur Magiftrature, comme on le voit par beaucoup d'autres médailles de la même Ville, qui contiennent des noms différents. Je ne crois pas que tous ceux de ces Magiftrats particuliers qui avoient des noms Romains, fuffent des familles de Rome qui portoient les mêmes noms ; mais je penfe plutôt que c'étoient des étrangers, ou même des affranchis qui avoient pris ces noms, les uns par attachement envers des Romains leurs patrons, les autres par reconnoiſſance envers leurs anciens maîtres. J'ai déja fait cette remarque ailleurs. Il me reſte à dire au ſujet de la médaille en queſtion, que juſqu'à ce que l'on en trouve quelqu'autre qui appartienne plus ſûrement à la famille *Fadia*, cette famille doit être re- tranchée de la liſte de celles dont on prétend avoir des médailles. Je pourrois en citer pluſieurs de même eſpece que Vaillant & Havercamp ont attribuées avec auſſi peu de fondement à d'autres familles. Mais ce n'eſt pas ici le lieu d'en parler. Il me ſuffit d'avoir fait voir que la préſente médaille eſt de la ville de *Pæſtum*, dont pluſieurs autres médailles contiennent différents noms de Magiſtrats qui n'étoient pas Romains.

HADRIANOPOLIS *in Thracia.*

On a des médailles de la ville d'*Hadrianopolis* en Thrace, frappées au nom des Empereurs Romains à compter d'Hadrien juſqu'à Valérien. Je ne trouve point qu'il en ait été publié aucune autonome juſqu'à préſent. C'eſt pourquoi je donne celle que préſente le N°. 7, par laquelle on voit que le culte d'Iſis & de Sérapis avoit paſſé d'Egypte dans cette Ville, ce que les médailles Impériales , quelque nombreufes qu'elles foient , ne font point connoître.

PATRÆ in Achaia.

Lorfque des Villes Grecques & autres avoient été faites Colonies fous l'Empire Romain , elles ne faifoient plus battre de monnoies pour l'ordinaire qu'avec la tête des Empereurs. Si l'on trouve des médailles de quelque Colonie où leurs noms & leurs têtes ne foient point , les exemples en font très-rares. C'eft par cette raifon que je donne fous le N°. 8, la médaille autonome de la colonie de Patras. J'en ai ci-devant rapporté une de cette forte de la colonie de Beryte en Phœnicie, To. II , Pl. LXXXI , N°. 11.

N°. 8.

CORINTHUS in Achaia.

N°. 9.

*Autre médaille femblable
rapportée S. IV. p. 37.*

La médaille fuivante préfentée fous le N°. 9, eft à-peu-près de même efpece. La ville de *Corinthe* n'y prend point le titre de Colonie. On voit feulement d'un côté le nom d'un Magiftrat, & de l'autre côté avec le type de Neptune qu'elle employoit le plus fouvent fur fes monnoies, la légende COR. SE. J'avoue que

j'ignore ce que peuvent fignifier ces deux dernieres lettres SE. qui accompagnent le nom
de la Ville.

PYDNA in Macedonia.

ON ne lit que ΓΥΔΑΙΩΝ fur la médaille du
N°. 10. Il y manque vraifemblablement la lettre
N après le *Delta*, & par conféquent la légende
entiere devoit être ΓΥΔΝΑΙΩΝ, comme fur
d'autres médailles de cette Ville, qui ont d'un
côté la tête d'Hercule jeune couverte d'une
peau de Lion, & de l'autre côté un Aigle qui
déchire un Serpent. On n'en connoiffoit que de
cette forte. Celle-ci eft différente, comme on
le voit, par la tête qui eft celle de Vénus felon les apparences, & par le type du revers
qui repréfente une chouette. La ville de Pydna
eft renommée dans l'hiftoire par la victoire
que les Romains remporterent tout près de
cette Ville fur l'armée de Perfée roi de Macédoine, en qui finit cette Monarchie.

N° 10.

COLONE in Meſſenia.

LA Ville qui a fait frapper la médaille du

Nº. 11, laquelle a pour légende ΚΟΛΩΝΑΩΝ, s'appelloit Κολώνη suivant Ptolémée, & κολωνὶς suivant Pausanias. Je ne connois point d'autres Auteurs anciens qui en aient parlé. Elle étoit située en Messénie, entre la ville de *Mothone*, aujourd'hui *Modon*, & le promontoire que les Grecs appelloient *Acritas*. Pausanias rapporte que les Habitants de *Colone* se disoient originaires de l'Attique, & prétendoient qu'ayant été amenés en Messénie par Colœnus, suivant un oracle qui le lui avoit prescrit, ils furent guidés dans leur route, par le vol d'un oiseau jusqu'au lieu où ils s'établirent ; mais qu'ensuite ils changerent de langage, & prirent celui des Peuples du pays qui étoient Doriens. La légende de cette médaille, qui est terminée par ΑΩΝ, montre qu'elle est effectivement en dialecte Dorique. C'est la seule qu'on ait vue jusqu'à présent de cette Ville.

TEOS in Ionia.

PARMI toutes les médailles de la ville de *Teos*, qui ont été publiées, & que je connois d'ailleurs, je n'en ai point vu de semblable à celle que je présente sous le Nº. 12, ni par la tête

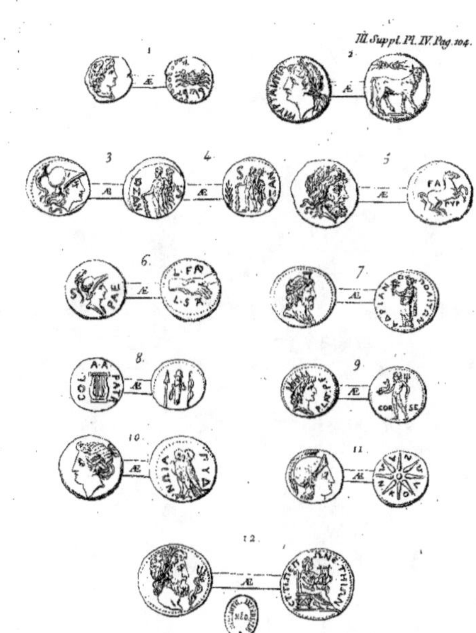

III. Suppl. Pl. IV. Pag. 104.

tête qui y eſt repréſentée , ni par le type du
revers. Il n'eſt pas ſurprenant que cette Ville
qui étoit maritime, ait fait repréſenter ſur ſes
monnoies la tête de Neptune avec ſes attributs
qui ſont un trident & un Dauphin. Mais le type
du revers eſt plus ſingulier. Il ſemble d'abord
que la figure qu'on y voit aſſiſe avec une lyre
ſur ſes genoux, ſeroit celle d'Apollon. Cependant outre que ce Dieu n'eſt pas ordinairement
figuré de la ſorte jouant de ſa lyre poſée ſur
ſes genoux ; en conſidérant bien cette figure ,
on reconnoît qu'elle a de la barbe , & qu'elle
repréſente un vieillard dont la tête n'eſt pas
couronnée de laurier, comme l'eſt ordinairement
celle d'Apollon. Je me perſuade que c'eſt Ana-
créon que les Téiens ont voulu y repréſenter
jouant ainſi de la lyre en mémoire de ce que
ce Poëte lyrique, qui étoit né dans leur Ville ,
faiſoit honneur à ſa Patrie par ſes poëſies en-
jouées & élégantes, qui ont toujours été admi-
rées depuis plus de deux mille trois cents ans,
ſans que le temps leur ait rien fait perdre de
leur célébrité.

III. Supplément.　　　　O

Planche
IV.
Nº. 7.

ALLARIA in Creta.

PLANCHE
V.

N°. I.

IL n'eſt fait mention dans aucun des Auteurs anciens de la ville d'*Allaria* qui a fait frapper la médaille que je donne ſous le N°. 1 de la Planche V. Cette Ville doit être la même que celle qui eſt appellée *Alloria* dans Etienne de Byzance, & il y a toute apparence qu'en copiant le manuſcrit primordial, on a écrit *Alloria* au lieu d'*Allaria* ; mais ce qui le fait connoître encore mieux, c'eſt une inſcription qui a été rapportée par Gruter, par le P. Montfaucon & par Chishull, dans laquelle il eſt fait mention d'un traité d'amitié & d'union entre les Allariotes habitants de la ville d'*Allaria* en Crete, & les Pariens habitants de la ville de *Paros*, dans l'Iſle qui portoit le même nom.

Juſqu'à préſent il n'a point été publié de médailles de cette ville d'*Allaria*. Celle que je préſente ici n'eſt cependant pas unique. Il y en a une dans le cabinet du Roi qui eſt ſemblable par la matiere, par la tête & par le type, mais dont la légende eſt écrite de droite à gauche, au lieu qu'elle l'eſt ſur celle-ci de gauche à droite.

SAXUS in Creta.

A la médaille précédente d'*Allaria*, j'en ajoute sous le N°. 2, une autre de l'Isle de Crete qui est de la ville de *Saxus*. Elle differe un peu de celle que j'ai déja donnée de cette Ville, To. III. Pl. c. N°. 55, & je me remets à ce que j'en ai dit P. 72.

Médaille attribuée à l'Isle de Lesbos.

En voyant une légende entiere sur la médaille du N°. 3 que j'ai acquise nouvellement, j'avois cru qu'elle m'apprendroit en quel lieu elle a été frappée, ainsi que les autres semblables sans légende que j'avois déja, mais soit que le mot qui y est écrit de droite à gauche soit ΩΟΝΙΚΙΩΝ, ou ΩΡΝΙΚΙΩΝ, je ne suis pas plus instruit que je l'étois, ne trouvant aucun lieu qui ait porté ce nom. Les recherches que d'autres feront sur cela, feront peut-être plus heureuses. Cependant j'ai voulu savoir si les médailles du cabinet du Roi ne me fourniroient pas quelque éclaircissement. M. l'Abbé Barthelemy a bien voulu m'en montrer plusieurs toutes pareilles, sur quelques-unes desquelles la seconde lettre paroît être un *Rho* avec une petite queue, & sur d'autres une espece

PLANCHE
V.
N°. 2.

N°. 3.

O ij

PLANCHE
V.
N°. 3.

d'*Omicron* formé comme fur la mienne *. Mais ce qu'il m'a fait voir de plus fingulier c'eft une médaille toute femblable fur laquelle on lit diftinctement ΛΕΣΒΙΟΝ. en caracteres dont la forme eft de la plus haute antiquité. Ainfi il fe peut bien que celle que Goltzius a publiée avec la légende ΛΕΣΒΟΥ. ait effectivement exifté, & de-là l'on a été fondé à croire que toutes les médailles de cette forte font de l'Ifle de Lesbos, comme je l'ai marqué Tom. III. pag. 81. Le mot qui fe trouve fur celle-ci défigne par fa terminaifon un nom de lieu, & ce lieu pouvoit bien être une petite ville ou bourgade de cette Ifle, dont les anciens Ecrivains n'ont pas eu occafion de faire mention.

SELINUS in *Sicilia.*

ON trouve affez fouvent des médailles de Peuples & de Villes où leurs noms font écrits avec des différences qui méritent d'être remarquées. C'eft pour cela que je donne fous le N°. 4 celle de la ville de *Sélinus*, fur laquelle

N°. 4.

---

*Le P. Khell a rapporté dans fon *Adpendicula altera*, une médaille femblable dont la légende étoit à moitié effacée, & qu'il a cru avoir été frappée en Theffalie, ou en Ætolie.

on lit diſtinctement ΣΕΛΙΝΟΕΣ , tandis que la légende eſt ΣΕΛΙΝΟΝΤΙΟΝ ſur une autre médaille
toute ſemblable que j'ai rapportée Tom. III.
Pl. CXI. N°. 61.

PLANCHE
V.
N°. 4.

CEOS Inſula.

ON ne peut douter que la médaille du N°. 5
ſur laquelle on lit KE. ΤΡΙΠΟΡΙΟΣ. ne ſoit de
l'Iſle de *Céos* dont on a pluſieurs autres médailles
qui n'ont que les lettres KE pour légende. Sur
une de celles que j'ai données de *Cartha* ville
de cette Iſle , la tête de Bacchus eſt repréſentée
de même que ſur celle - ci, où le type du revers eſt un vaſe à anſes accompagné d'un thyrſe,
au lieu que c'eſt une grappe de raiſin qui eſt ſur
la médaille de *Cartha*. Tout cela dénote que
l'Iſle étoit fertile en vin. Elle en produit encore à préſent ſuivant la relation de Tournefort.
Le mot Τειπόειος qui ſuit immédiatement les
lettres KE, ſemble d'abord être un nom de Magiſtrat. Je ne diſconviens point que ce n'en
puiſſe être un. Il ſe pourroit cependant que ce
fût une épithete , ou un titre que prenoit cette
Iſle, d'autant plus que les titres que ſe donnoient les Villes ſont toujours joints à leurs

N°. 5.

noms , & que ceux des Magiſtrats en ſont ordinairement ſéparés ſur les médailles. J'ignore à
la vérité ſi le terme de τριπόειος a été employé
par les Ecrivains Grecs. C'eſt ſans doute un
mot compoſé de πόρος , comme l'étoient Ἐμπόριον
qui ſignifioit un marché ; Τετράπορος & Πεντάπορος
qui ſignifioient des lieux , qui avoient l'un quatre , & l'autre cinq cànaux ou iſſues. Sur ce pied-
là τριπόειος ſignifieroit que l'Iſle de Ceos avoit
trois marchés , ou trois ports qui étoient acceſ-
ſibles par trois canaux.

S O L I in Cilicia.

JE ne donne la médaille de la ville de *Soli*
préſentée ſous le N°. 6 , que parce qu'on en connoît fort peu d'autonomes qui y aient été frappées , & que le type de l'aigle poſé ſur un
foudre ne ſe voit ſur aucune de celles qui en
ont été publiées. Du reſte je n'ai rien à ajouter
à ce que j'ai dit de cette Ville Tom. II , pag. 173 ,
ſi ce n'eſt qu'il faut que Minerve en fût la divinité principale & tutélaire , puiſqu'elle eſt
repréſentée ſur cette médaille & ſur les deux
autres que j'ai rapportées Pl. LXXIV , & ſur
chacune d'une maniere différente.

OLBASA in *Pamphylia*.

LA médaille que je donne fous le Nº. 7 eſt très-bien conſervée quant à la tête, & à tout le revers ; mais l'endroit où ſe trouve la légende a été maltraité, & j'y lis ſeulement OΛBACA. BOY.... n'ayant pu diſcerner les autres lettres qui ſuivoient. J'eſtime que le mot compoſé des premieres lettres BOY pouvoit être βύ'βοτος, βύ'τροφος, ou une autre épithete ſemblable, dont la ſignification avoit rapport à la tête de bœuf qui eſt repréſentée de l'autre côté. Il n'eſt pas aiſé de juger quelle eſt la ville d'*Olbaſa* qui a fait frapper cette médaille, & qui ſe diſtinguoit par une épithete, ou titre de cette eſpece, qu'on regardoit ſinon comme honorable, du moins comme intéreſſant & eſtimable dans les anciens temps. Il y en avoit trois qui, ſelon Ptolémée, portoient le nom d'*Olbaſa*, ſavoir la premiere en Cappadoce, la ſeconde en Pamphylie, & la troiſieme en Cilicie. Cette derniere eſt appellée *Olba* par Strabon, & l'on en a des médailles ſous ce nom, ſur leſquelles elle prend le titre de *Sacrée*. C'étoit la Capitale d'une Contrée particuliere & la réſidence d'un Pontife qui la poſſédoit en qualité de Dynaſte. Sans cela, je lui attribuerois la préfente médaille plutôt qu'à aucune des deux autres villes du nom d'*Olbafa*, parce qu'elle reffemble par fa fabrique à d'autres médailles de Cilicie. On fait que les anciens Auteurs ont affez fouvent écrit de diverfe maniere le nom de plufieurs Villes, & qu'elles-mêmes le varioient quelquefois. Cependant cette médaille ne différant pas beaucoup par fa fabrique des médailles de Pamphylie, & Ptolémée y plaçant une ville d'*Olbafa*, dont Dioclès fait pareillement mention, il me paroît que c'eft à cette Ville qu'il faut la référer. La tête de Cérès qui y eft repréfentée, défigne que quoique fituée dans un pays montagneux, fon territoire étoit fertile. Je ne fais ce que peuvent fignifier les lettres K. O. qui font placées à côté de la tête de bœuf qui eft au revers. J'ai rapporté Tome I, Pl. VIII, N°. 22, une médaille qui avec la tête de Neptune d'un côté, a pour type au revers une femblable tête de bœuf, à côté de laquelle font les lettres Ƙ. O. le tout au milieu d'une couronne, & j'ai penfé qu'elle pouvoit être de la ville de *Cortone* en Italie. Le P. Khel en a publié de fa part une autre à peu près pareille dans fon *Adpendicula altera*, avec les lettres Ƙ. Φ. & il l'a attribuée à la ville

de

de *Phæstus* en Crete. Goltzius en a aussi publié une autre semblable avec les lettres, ou monogrammes, ᴧ. ᚱ. O. par lesquelles lettres il a cru, ainsi que le P. Hardouin, que des Peuples barbares appellés *Macrocephali* étoient désignés. Tout ce que je puis dire au sujet de ces diverses médailles qui ont le même type d'une tête de bœuf représentée en face, c'est que ce type indique la fertilité & l'abondance en grains, en pâturage & en bestiaux, & que l'on n'a pas encore découvert la vraie signification des lettres ᚱ. O, ᚱ. Φ, ᴧ. ᚱ. O, non plus que celle des simples lettres K. O. qui sont sur la présente médaille.

HILEIA in Mesopotamia.

Sur la médaille du Nº. 8 on voit les lettres ΙΛΗΑ, qui sont reparties dans le champ du revers autour de la figure d'un fleuve qui tient de la main droite deux épis, & de la main gauche un gouvernail renversé sur son épaule : deux Serpents sont à ses pieds. Si la légende est bien lue[†], elle doit désigner le nom d'une Ville. On n'en trouve point qui porte un nom plus approchant que la ville d'*Hileia* qu'Ammien

Nº 8.

† Sur des médailles semblables on lit ΑΘΗ. et celle cy peut bien être aussi de la ville d'Athènes.

III. SUPPLÉMENT. P

PLANCHE
V.
Nº. 8.

Marcellin place en Méfopotamie. Dans le récit qu'il fait des événements qui arriverent à l'armée commandée par l'Empereur Conftance, il dit qu'il y eut plufieurs combats nocturnes très-rudes près des villes d'*Hileia* & de *Singara*. Il fe pourroit bien que celle qu'il nomme *Hileia* en latin, eût été appellée ΙΛΗΑ. par les Grecs qui l'habitoient, la troifieme lettre de ce mot étant un *Eta* qui étoit prononcé tantôt comme un I, tantôt comme un E ouvert. Peut-être auffi étoit-ce la même Ville que Ptolémée de fon côté a nommée Ελειϊα. Il la place proche de *Carrhes* & de *Chabora*, ce qui forme une difficulté en ce que ces deux dernieres Villes étoient éloignées de 8 lieues de celle de *Singara*, laquelle, fuivant Ammien, fembleroit avoir été voifine d'*Hileia*. Cette contrariété apparente entre Ptolémée & Ammien fur la pofition de ces Villes, a fait juger à des Ecrivains modernes que l'*Eleiïa* de Ptolémée n'étoit pas la même Ville que l'*Hileia* d'Ammien. Ils en ont fait deux différentes; mais d'autres Savants ont cherché à concilier les deux anciens Auteurs, & ont obfervé qu'Ammien en parlant des combats donnés auprès des villes d'*Hileia* & de *Singara* n'a pas dit qu'elles fuffent voifines, & que fuivant les apparences

il y avoit eu divers combats, les uns près de
Singara, & les autres près d'*Hileia*. Sur ce pied-
là, comme cette derniere Ville étoit située proche
de *Carrhes* & de *Chabora* suivant Ptolémée, le
fleuve qu'on voit sur la médaille doit être le
Chaboras qui tomboit dans l'Euphrate à l'endroit où l'on avoit bâti la forteresse appellée
Chabora de son nom, à peu de distance de la
ville de *Carrhes* qui étoit aussi située sur le même
fleuve. Le gouvernail que la figure de ce fleuve
tient d'une main indique qu'il étoit navigable,
& les épis qu'elle porte de l'autre main, marquent
que les environs étoient fertiles & abondants en
grains. Quant aux deux Serpents qui sont à ses
pieds, ils peuvent désigner pareillement la
grande quantité qu'il y en avoit effectivement
en ce pays-là. v. HILEIA *a la table.*

PLANCHE
V.
N°. 8.

ANTIOCHIA ad Orontem in Syria.

LA médaille que je donne sous le N°. 9 doit
être de la ville d'*Antioche* sur l'Oronte. Le revers
où l'on voit les grandes lettres S. C. avec un
Aigle à ailes déployées, ne laisse pas lieu d'en
douter, parce que l'on a beaucoup d'autres
médailles qu'elle a fait frapper avec un pareil
revers. Ce que cette médaille présente de plus

N°. 9.

Planche
V.
N°. 9.

singulier est la légende en caracteres Syriens, ou Phœniciens, devant la tête entourée de rayons qui est représentée de l'autre côté. Jusqu'à présent on n'a point vu que la ville d'*Antioche* qui avoit été fondée par Séleucus I roi de Syrie, eût fait battre des monnoies en d'autre langue qu'en grec & en latin, & cette médaille-ci ne peut avoir été frappée que sous l'Empire Romain, comme les lettres S. C. le démontrent. Dans la grande quantité qui s'en trouve de cette Ville, je n'en ai point vu non plus où elle ait fait représenter la tête du Soleil. Les Antiochéens avoient bien à la vérité une grande vénération pour Apollon, qui étoit une de leurs Divinités principales ; mais ils l'ont toujours fait représenter avec une couronne de laurier. Comme les Villes faisoient quelquefois figurer sur leurs monnoies les Empereurs Romains sous l'image de quelque Dieu, je croirois que la tête qui est sur celle-ci , pourroit représenter un Empereur si elle ressembloit à quelqu'un d'eux ; mais il paroît qu'elle ressemble plutôt à celle de Séleucus II surnommé Callinicus, en la comparant à la tête qu'on voit sur les médailles de ce Prince, qui, suivant le rapport de Strabon, avoit aggrandi d'un tiers la Ville en question. Il faut bien que ce foit pour quelque caufe particuliere, qu'elle ait fait frapper cette médaille extraordinaire. Eft-ce que confervant la mémoire des bienfaits qu'elle avoit reçus de ce Séleucus, elle lui auroit rendu une efpece de culte public, foit en qualité de fon bienfaiteur, foit comme Dieu, ou fils d'un Dieu, Antiochus II fon pere ayant été déifié dès fon vivant? Quoi qu'il en foit, la fingularité de la médaille doit être confidérée au moins par rapport à la légende Phœnicienne. Je dis Phœnicienne, quoique plufieurs des caracteres dont elle eft compofée, ne fe trouvent point dans les alphabets qui ont été publiés en cette langue. Je reconnois bien que le premier eft un *Beth* qui étoit mis ordinairement, comme article, avant les noms de Villes. Le fecond, qui reffemble à un *Aleph* couché, pourroit être une lettre double. Le cinquieme eft un *Caph* Samaritain, & le fixieme un *Thau*. Mais n'y reconnoiffant rien de plus, je laifferai cette médaille parmi les autres que j'ai de la ville d'*Antioche* où je l'ai placée, jufqu'à ce que l'interprétation en ait été donnée par quelqu'un des Savants qui s'appliquent à expliquer les monuments qui nous reftent en langues Afiatiques. Au furplus on remarque aifé-

PLANCHE V.

N°. 9.

PLANCHE
V.
N°. 9.

ment qu'elle eſt de la main d'un Artiſte Syrien qui y a repréſenté ſens-deſſus deſſous l'Aigle & les lettres S. C. Quoiqu'elle ſoit d'ailleurs d'une bonne conſervation, il ſemble que le coin avoit plus d'étendue que le flaon au-deſſous de la tête, de ſorte qu'il ſe pourroit bien qu'il manquât dans cette partie-là des lettres dont je crois même appercevoir quelques traces.

CARTHAGO in Africa.

N°. 10.

LE grand médaillon en bronze préſenté ſous le N°. 10 m'eſt venu nouvellement de Tunis. Je ne le donne que par rapport au caractere ſeul qui eſt repréſenté au-deſſous du cheval que l'on ſait avoir été un des ſymboles particuliers de la ville de *Carthage*. J'ai cru qu'il pouvoit ſervir à confirmer ce que j'ai dit dans mon premier Supplément ſur la valeur de cette lettre, que je prends toujours pour un *Koph* qui étoit l'initiale du nom Punique de *Carthage*, & qui déſignoit par conſéquent celui de la Ville ſur le préſent médaillon, ainſi que la même lettre le déſigne à mon avis ſur les autres médailles Carthaginoiſes que j'ai données, où elle eſt pareillement inſcrite ſous un Pégaſe, & ſous un Eléphant.

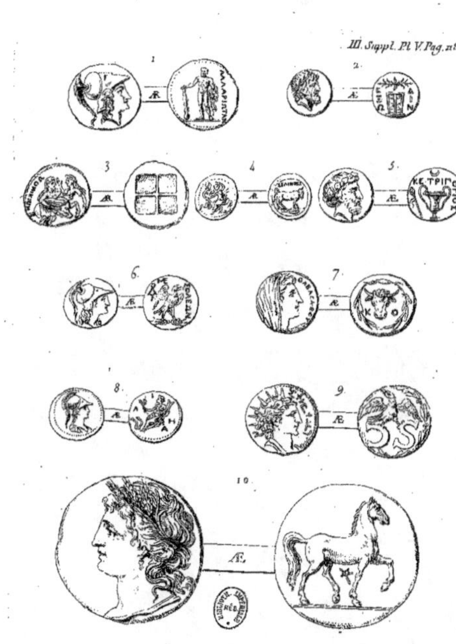

MÉDAILLES IMPÉRIALES.

PERTINAX.

Pour l'ornement de cette Planche, qui contient des médailles impériales, dont je ne crois pas qu'aucune ait été publiée jusqu'à préfent, j'y ai mis à la tête la médaille d'or de Pertinax, qui a été frappée pour fa confécration avec le type du bûcher. On prétend qu'il n'en avoit point encore été trouvé de cet Empereur en or avec un pareil type. On en connoît feulement quelques-unes qui repréfentent un Aigle au revers avec la même légende. A la rareté de celle-ci, on peut ajouter le mérite de fa belle fabrique, & celui de fa parfaite confervation.

PLANCHE VI. Nᵒ. I.

AUGUSTE & LIVIE.

J'avois mis au rang des médailles incertaines celle que préfente le Nᵒ. 2. Si je la donne ici, c'eft que quelques-uns penfent que ce font les têtes d'Augufte & de Livie qu'on a voulu y

Nᵒ. 2.

Planche
VI.
N°. 2.

repréfenter , & qu'on pourra le reconnoître mieux fi des Savants qui la verront , s'appliquent à découvrir quels font les caracteres qui en compofent les légendes , & à en donner enfuite l'explication.

TRAJAN.

N°. 3. LA médaille de Trajan que je donne fous le N°. 3 , contient au revers la figure d'Apollon debout tenant une lyre , & la légende ΑΠΟΛ-ΛΩΝ. ΚΑΛΛΙΠ. Cette légende dont je ne connois aucune pareille , préfente une queftion à décider , favoir quel doit être le mot entier dont les cinq premieres lettres ΚΑΛΛΙΠ. font fur la médaille. Il faut que ce foit une épithete ajoutée au nom du Dieu , ou le nom de la Ville qui a fait frapper la médaille. Comme épithete ce pourroit être ΚΑΛΛΙΠρόσωπ☉ , ou ΚΑΛΛΙ-Πλόκαμ☉ , parce qu'Apollon étoit beau de vifage, & qu'il avoit de beaux cheveux longs bouclés. Mais je ne fçai s'il y a des exemples qu'il ait été appellé affez communément de l'un de ces furnoms, ou autre approchant pour qu'on pût le bien défigner en l'écrivant feulement par ces cinq premieres lettres. Quand on mettoit fur des médailles

des

des noms de Dieux avec des épithetes ou des titres
qui leur étoient attribués, on les écrivoit toujours
en entier comme ΖΕΥΣ. ΚΩΡΥΦΑΙΟΣ. ΖΕΥΣ.
ΚΡΗΤΑΓΕΝΗΣ. ΠΟΣΕΙΔΩΝ. ΙΣΘΜΙΟΣ. ΠΥΘΙΟΣ.
ΑΠΟΛΛΩΝ, & beaucoup d'autres de la même
maniere. Mais il y avoit des Villes qui donnoient leurs noms aux Divinités, pour lesquelles elles avoient le plus de vénération ; sans en
citer d'autres qu'Apollon dont il s'agit, il étoit
appellé Amycléen du nom de la ville d'*Amycles*,
Delphinien du nom de la ville de *Delphes*,
Grynéen du nom de la ville de *Grynium*, & ainsi
de plusieurs noms de Villes, & la plupart de ces
Villes étoient dans l'usage de ne mettre que
les premieres lettres de leurs noms sur leurs
monnoies. De-là il s'ensuit que ΚΑΛΛΙΠ sur la
médaille en question, désigne un nom de Ville
selon toutes les apparences. Dans ce cas, ce ne
peut être qu'une de celles qui étoient appellés
Callipolis. Il y en avoit huit ou neuf qui portoient ce nom, les unes en Asie, les autres en
Thrace, dans le Péloponnese, en Italie, & en
Sicile. Jusqu'à présent on n'a connu des médailles d'aucune de ces Villes. Si quelqu'une a fait
frapper celle de Trajan en question, ce ne peut
gueres être que la *Callipolis* de la Cherfonese

III. Supplément. Q

de Thrace, & ce qui contribue à me le faire croire, c’eſt que le culte d’Apollon étoit établi dans cette péninſule, comme le font voir deux médailles, entr’autres, que j’ai de la ville de *Seſtus* qui y étoit pareillement ſituée. Elles ont chacune pour type une lyre. L’une eſt de Trajan, & l’autre d’Hadrien que j’ai rapportée Tome II du Mélange, page 68. La ville de *Callipolis* en queſtion ſubſiſte encore aujourd’hui ſous le nom de *Gallipoli*, qu’elle a donné au détroit qui eſt à l’embouchure de la Propontide, & les navires qui vont de la Méditerranée à Conſtantinople, & qui en viennent, y abordent ordinairement.

L’Empereur Trajan eſt repréſenté ſur la médaille du Nº. 4 ſans légende autour de ſa tête. Le type du revers conſiſte dans une figure équeſtre au-deſſous de laquelle on lit APICTOC. La Ville qui a fait frapper cette médaille, avoit ſans doute érigé cette Statue en ſon honneur, & prétendu l’honorer pareillement en l’appellant APICTOC, ſans lui donner aucun autre titre. Le terme d’Ἄριστος étoit équivalent à celui d’*Optimus* qui ſignifie *très-bon*. C’étoit un titre honorifique qui avoit été donné à Trajan par le Sénat & par

le Peuple Romain, parce que la bonté formoit
fpécialement fon caractere. Quand l'Hiftoire
n'en auroit pas fait mention, les monuments
qui font reftés de fa bienfaifance & de fa charité
nous l'apprendroient affez. Il fut plus flatté de
ce titre que de ceux qui lui avoient été déja
donnés & de tous les autres qui lui furent
accumulés dans la fuite. On le trouve accompagné de fon nom fur un très-grand nombre
de médailles latines & grecques qui furent frappées fous fon regne. Mais celle dont il eft ici
queftion, eft la feule connue jufqu'à préfent
qui ait pour toute légende le titre ou nom
d'APICTOC. Il femble qu'elle auroit été frappée
à l'exemple de celle d'Augufte qui n'ont pareillement pour légende que le nom de ΣΕΒΑΣ-
ΤΟΣ, comme d'autres n'avoient que celui d'AV-
GVSTVS. Mais il y a bien de la différence entre
le titre d'*Auguftus* qui avoit été donné à Caïus
Céfar * la cinquieme année de fon regne, &
le titre d'*Optimus* qui fut conféré à Trajan. Le
terme d'*Auguftus* chez les Romains, renfermoit

P L A N C H E
VI.

N°. 4.

---

* Augufte qui s'appelloit originairement Octave, avoit pris
le nom de *Céfar Octavien* après
avoir été adopté par Jules Céfar,
& feulement celui de *Caïus Céfar*
fur les monnoies.

Q ij

dans fa fignification quelque chofe de facré &
de divin ; & de ce titre de dignité & de majefté
fuprêmes, Caïus Céfar fe fit un nouveau nom ;
de forte qu'il ne fut plus appellé qu'*Auguftus*
par les Latins, & Σεϐαςὸς par les Grecs. Ce n'eft
pas ici le lieu de dire comment après fon regne
tous ceux qui parvinrent à l'Empire prirent fon
nom d'Augufte pour un titre inféparable de
celui d'Empereur. Je renvoie à Spanheim qui a
recueilli tout ce que les Ecrivains ont dit fur
ce fujet dans le même chapitre où il parle auffi
du titre d'*Optimus*, qui étoit celui qu'on don-
noit ordinairement à Jupiter avec l'épithete de
Maximus : il fait mention conféquemment du
même titre fous le terme grec d'Ἄρις©. Si ceux
qui ont fait fabriquer la médaille dont il s'agit,
ont eu intention de faire appeller Trajan de ce
nom, comme Caïus Céfar avoit été appellé du
nom d'AVGVSTVS & de Σεϐαςὸς, leur tentative n'a pas réuffi, puifqu'on ne trouve aucune
autre médaille qui ait APICTOC feulement pour
légende, ni aucun Auteur qui dife que Trajan
ait été appellé du nom d'*Optimus*. Au furplus
il y a peu d'Empereurs à qui ce titre ait été
donné fur les médailles. On le voit fur quelques-
unes d'Hadrien, qui le prit, felon les apparences,

comme héritier de Trajan en qualité de son fils
adoptif. Il sembleroit qu'il eût été donné à Commode par acclamation suivant une médaille qui
a pour légende OPTIME. MAXIME. avec le type
de Jupiter auquel cet Empereur avoit la folie
de se comparer. Il fut aussi donné à Claude le
Gothique après sa mort, mais sans l'épithete de
Maximus, les médailles où il se trouve ayant
pour légende DIVO CLAVDIO OPTIMO. Je ne
crois pas qu'il y en ait d'autres exemples. Je
me dispense de faire mention des inscriptions
où d'autres Empereurs sont honorés du même
titre.

HADRIEN.

LA médaille d'Hadrien présentée sous le Nº. 5
est du nombre de celles du plus petit module
qui ont été frappées en Egypte pour cet Empereur sans inscription autour de sa tête, qui
y est d'ailleurs très-reconnoissable. Le revers
de celle-ci ne contient point non plus de légende, mais seulement la date L. IƟ. Je ne la
donne qu'à cause de la singularité du type de
la grenouille qui y est représentée, n'ayant vu
cet animal sur aucune des médailles Egyptiennes
qui ont été publiées en grand nombre, ni sur

PLANCHE
VI.
Nº. 4.

Nº. 5.

PLANCHE
VI.
No. 5.

celles des cabinets qui en font les mieux fournis. On fait que la plupart des villes d'Egypte rendoient un culte religieux, chacune à un animal en particulier, & que plufieurs portoient le nom dè ceux qu'elles révéroient. *Cynopolis* étoit ainfi appellée du nom grec Κύων qui fignifie un chien; *Leontopolis* du nom Λέων, un lion; *Lycopolis* du nom Λύκος, un loup; le bouc qui étoit appellé *Mendes* en langue Egyptienne, avoit donné fon nom à la ville de *Mendes*; le poiffon appellé Ὀξύρυγχος avoit auffi donné le fien à la ville de *Oxyrynchus*. Le témoignage des anciens Ecrivains en cela eft confirmé par les médailles des villes d'Egypte qui y ont fait repréfenter ces animaux, ainfi que beaucoup d'autres. Je ne trouve point qu'ils aient fait mention de la grenouille. Mais, fuivant Ptolémée, il y avoit dans la Marmarique un port du nom de Βάθραχος que les Latins ont appellé les uns *Bathracus*, & les

BATRACHUS
in Africa.

autres *Batracus* & *Batrachus*. Or le nom grec de la grenouille étant Βάτραχος, il y a tout lieu d'en inférer que la préfente médaille a été frappée dans ce port qui portoit le même nom, d'autant plus que dans tous les autres pays les Villes qui étoient appellées du nom d'un animal, le prenoient ordinairement pour leur fymbole, &

le faifoient repréfenter fur leurs monnoies. Cet
ufage étoit général, & eft fi connu qu'il feroit
fuperflu d'en citer des exemples. C'étoient des
événements & des circonftances particulieres
qui avoient fait donner ces fortes de noms à des
Villes : la religion n'y avoit point de part. Il
n'en étoit pas de même en Egypte où les animaux étoient honorés d'un culte par les Villes
qui portoient leur nom, & l'on préfume que
les habitants de *Batrachus* en rendoient un pareillement à la grenouille. La Marmarique où
ce port étoit fitué dépendoit de l'Egypte ; & il
paroît que cette contrée d'Afrique qui y étoit
annexée, & qui s'étendoit jufqu'à la Cyrénaïque, étoit partagée en différents *Nomes*, comme
l'étoient les autres parties de l'Egypte. Ptolémée
fait mention d'un *Nome* du nom de Marmarique.
Il y en avoit un autre du nom de Libye, &
l'on a une médaille de ce *Nome* frappée en l'honneur d'Hadrien, laquelle a pour légende au
revers ΛΙΒΥΗ. L. ΙΑ ; & pour type une
figure d'homme debout tenant de la main
droite une patere, & de la main gauche un
bélier. M. l'Abbé Belley qui a rapporté cette
médaille dans les Mémoires de l'Académie
[Tom. XXVIII, p. 539,] avec plufieurs autres

PLANCHE
VI.

N°. 5.

des villes d'Egypte qui manquent dans l'*Egyptus Numifmatica* de Vaillant, a obfervé judicieufement que le bélier eft relatif au culte de Jupiter-Ammon qui étoit la divinité fuprême & tutélaire de ce pays-là. Le Port de *Batrachus* étoit felon les apparences dans le même *Nome*, n'étant que peu éloigné de *Parætonium* qui en étoit la Ville principale. Ainfi la grenouille pouvoit être honorée à *Batrachus*, comme l'étoit le bélier dans le *Nome* de Libye. Mais parce qu'en d'autres pays plufieurs Villes faifoient repréfenter des animaux fur leurs monnoies fans leur rendre aucun culte, je n'infifte pas fur celui que les habitants de *Batrachus* pouvoient rendre à la grenouille faute d'indices qui le faffent mieux connoître. Il auroit fuffi en effet que leur port fût fitué dans un endroit marécageux abondant en grenouilles pour qu'ils en euffent pris occafion d'employer le type de cet animal fur leurs monnoies. C'eft parce que la ville de *Cumes* en Italie étoit affife près d'un grand marais qu'elle a fait repréfenter une grenouille fur les fiennes, comme je l'ai remarqué Tome I des médailles de Villes page 48. Je crois cependant devoir faire obferver que les grenouilles qu'on voit fur les médailles de *Cumes* font renverfées, ce qui

femble

femble indiquer qu'on les avoit pêchées, & qu'on en faifoit commerce. Au contraire celle qui eft fur la préfente médaille paroît vivante, & eft pofée à terre d'une façon qui n'a rien d'in-compatible avec le culte qu'on fuppofe que les hábitants de Batrachus rendoient à cet animal.

P L A N C H E
VI.
Nº. 5.

Il me refte à dire pourquoi il a été frappé des médailles pour Hadrien dans la partie de la Marmarique qui étoit limitrophe de la Cyrénaï-que, tandis qu'on n'en trouve point qui aient été frappées dans toute cette contrée fous le regne des autres Empereurs, fi ce n'eft pour Fauftine dont j'ai rapporté [Tome I du *Mélange*, page 25.] une médaille qui m'a paru pouvoir être attribuée à la ville de *Parætonium.* J'y ai mar-qué que la Cyrénaïque & la Marmarique ayant été dévaftées par des guerres inteftines, qui s'é-toient élevées entre les différents Peuples ha-bitants de ces deux Contrées, Hadrien les avoit repeuplées & rétablies par des Colonies & par d'autres bienfaits. J'ajouterai maintenant que ces motifs étoient bien fuffifants pour avoir porté les Libyens & les habitants de Batrachus à faire frapper des médailles en fon honneur, & que ces marques fubfiftantes de leur gratitude en-vers cet Empereur font juger qu'ils lui avoient

III. Supplément.   R

PLANCHE
VI.
N°. 5.

confacré d'autres monuments plus confidérables qui ne font pas parvenus à notre connoiffance.

Après les obfervations que je viens de faire fur la médaille en queftion, je ne penfe pas que mon opinion touchant le lieu de fa fabrication puiffe être regardée comme douteufe. Peut-être même jugera-t-on à propos d'en faire ufage pour réformer les différentes façons dont le nom du port où elle a été frappée eft écrit par les Auteurs qui en ont parlé. Il doit être appellé *Batrachus*, puifqu'il avoit le même nom que la grenouille, favoir Βάτραχ⊙. S'il n'a pas été infcrit fur la médaille, c'eft qu'il n'en étoit pas befoin; le type le difoit lui-même en parlant aux yeux des Grecs, qui ne pouvoient y voir la grenouille fans reconnoître que c'étoit une monnoie du port qui en portoit le nom. On a beaucoup d'autres médailles qui fans infcription ni légende, défignent manifeftement les lieux d'où elles font, par les types ou fymboles qu'elles contiennent. C'eft ce que nous appellons des armes parlantes. Telles font entr'autres les médailles de la ville de *Cardia*, & celle des ifles *Cleides* que j'ai rapportées, l'une Tome I des médailles de Villes, Pl. XXXIV, N°. 24, & l'autre Tome III, Pl. XCV, N°. 13. La premiere a pour type un cœur qui étoit appellé en grec καρδία ; & la seconde, une clef de forme antique, dont le nom étoit κλεὶς, & au pluriel κλεῖδες. Je m'abstiens d'en rapporter un plus grand nombre de cette espece, pour terminer cet article qui n'est déja que trop long.

Planche
V I.
Nº. 5.

ANTINOUS.

JE ne donne la médaille présentée sous le Nº. 6 que parce que je ne trouve point qu'il en ait été publié aucune d'Antinoüs frappée comme celle-là dans la ville de *Delphes*. Elle ne contient d'ailleurs rien de particulier, ni dans les légendes, ni dans le type du trépied qu'on voit communément sur les médailles de cette Ville qui est trop connue pour qu'il soit besoin d'en parler. On en a plusieurs avec la tête d'Hadrien ; & c'est sans doute pour faire sa cour à cet Empereur, qu'elle en a aussi fait frapper pour Antinoüs.

Nº. 6.

DELPHI in Phocide.

FAUSTINE Mere.

IL y avoit anciennement deux Villes qui portoient le nom de *Castabala*. L'une étoit située en Cappadoce proche de *Tyana*, & l'autre en Cilicie entre les Fleuves de Pyramus & de Pina-

R ij

rus. On connoît des médailles de cette derniere Ville dont je ferai mention ci-après. On n'en avoit point encore vu de la *Castabala* de Cappadoce, à laquelle je crois qu'appartient celle de Faustine mere que je donne sous le N°. 7. Je l'attribue à cette Ville par rapport au type du revers qui représente une figure de femme assise tenant un rameau de la main droite & un long flambeau allumé de la main gauche. Selon les apparences, cette figure de femme représente Diane surnommée *Perasia*, dont il est fait mention par Strabon dans sa Description de la Cappadoce, où il dit que ce surnom fut donné à Diane de ce qu'elle avoit passé la mer pour venir de la Taurique à *Castabala*, où elle avoit un Temple dont les Prétresses marchoient impunément sur des charbons ardents.

J'observerai à cette occasion que la légende ΙΕΡΟΠΟ. ΚΑΣΤΑΒΑ. que contiennent les médailles de Diaduménien & d'Elagabale qui ont été publiées par Vaillant, ne désigne point le nom d'une seule ville appellée *Hieropolis Casta-bala*, comme il l'a jugé, & que je l'avois marqué d'après lui en rapportant To. II, pag. 163, une médaille autonome qui a pour légende ΙΕΡΟΠΟΛΙΤΩΝ. ΤΩΝ ΠΡΟΣ. ΤΩ. ΠΥΡΑΜΩ. Cette

Hieropolis & *Caftabala* étoient deux Villes différentes, qui fuivant les médailles de Diaduménien & d'Elagabale avoient fait alliance enfemble. La premiere étoit fituée fur le Pyramus,
ainfi qu'il eft marqué fur la médaille autonome.
Caftabala en étoit éloignée d'une journée de
chemin vers la ville d'Iffus fuivant le rapport
de Quinte-Curce, qui dit que l'armée d'Alexandre étant arrivée à *Mallus*, après avoir paffé le
Pyramus fur un pont, fut delà camper à *Caftabala*.

MARC-AURELE.

La médaille de Marc-Aurele rapportée fous
le N°. 8, a pour légende au revers ABEΩN, & pour
type la figure de Mercure tenant un caducée
d'une main, & une bourfe de l'autre main.
Comme on n'a point encore vu de pareille légende fur aucune médaille, il s'agit de favoir
quelle eft la Ville qui eft défignée par ABEΩN.
Il fembleroit d'abord que ce devroit être celle
qui étoit appellée *Abea* en Meffénie. Mais les
Villes de cette Contrée, non plus que toutes les
autres du Péloponnefe n'en ont point fait frapper
pour les Empereurs Romains fi ce n'eft pour
Sept. Severe & pour fa femme & fes enfants.
J'eftime qu'elle appartient à la ville d'*Aba* qui

Planche
VI.
N°. 7.

N°. 8.

étoit en Carie. Il eſt vrai que cette Ville eſt très-peu connue, ſon nom ne ſe trouvant que dans Hérodien. Mais Etienne de Byzance qui en parle d'après cet Auteur, obſerve que ſuivant le langage particulier des Cariens, l'Habitant d'*Aba* devoit être appellé Ἀϐεὺς. Par conſéquent la légende des monnoies de cette Ville a dûe être ΑΒΕΩΝ, comme on le voit ſur la préſente médaille. D'ailleurs elle reſſemble à celle des autres Villes de Carie, non-ſeulement par ſa fabrique, mais encore par le type de Mercure, qui eſt repréſenté de la même maniere ſur pluſieurs des médailles que j'ai d'*Aphrodiſiade*, d'*Héraclée*, d'*Iaſus*, de *Nyſa*, & d'*Hyela*.

SEVERE - ALEXANDRE.

Je dois à la précédente médaille de Marc-Aurele de m'avoir fait connoître que celle de Sévere-Alexandre préſentée ſous le N°. 9, a été frappée dans la même ville d'*Aba* en Carie. Je l'avois depuis long-temps ſans ſavoir où la placer, ignorant ce qui pouvoit manquer à la légende du revers où je ne voyois que les lettres Α..ΕΩΝ. J'ai découvert par l'autre médaille que c'eſt un B qui avoit été preſqu'entiérement écraſé & effacé par le coup du poinçon lorſqu'on a im-

primé la contremarque qui eſt vis-à-vis de l'autre
côté. Du reſte cette médaille eſt d'une aſſez
bonne conſervation, & l'on reconnoît aiſément
par ſa fabrique & par ſon type, qu'elle eſt de
Carie, dont pluſieurs autres Villes ont fait repréſenter pareillement le Dieu Lunus ſur leurs
monnoies.

PLANCHE
V I.
N°. 9.

CARACALLA.

JUSQU'ICI on n'a connu qu'une médaille de
la ville d'*Eſébon* on *Esbus*, qui eſt dans le cabinet du Roi. Suivant la deſcription que Vaillant
en a donnée, la tête de Caracalla eſt repréſentée
ſur un côté; le type du revers eſt la figure du
Dieu Lunus, & la légende AYP. ECBOYC. La
rareté des médailles de cette Ville m'engage à
en rapporter ſous le N°. 10 une ſeconde que
le haſard m'a procurée, laquelle differe de la
premiere par la légende qui eſt ſimplement
ECBOY, & par le type qui repréſente la Déeſſe
Aſtarte debout dans ſon attitude ordinaire au
milieu d'un Temple à quatre colonnes. Il eſt
parlé de la Ville en queſtion en pluſieurs endroits
de l'Ecriture Sainte, ſavoir dans les Nombres,
dans le Deutéronome, dans Joſué, dans Iſaïe, &c.
Le Roi des Amorrhéens qui l'avoit conquiſe ſur

ESBUS
in Palæſtina.

N°. 10.

les Moabites, en avoit fait sa Capitale. Elle fit ensuite partie de la Tribu de Ruben, & fut attribuée aux Lévites. S. Jérome qui en fait mention comme d'une Ville qui étoit fort considérable de son temps, dit qu'elle étoit située au-delà du Jourdain dans les montagnes d'Arabie à vingt milles, c'est-à-dire, à environ sept lieues de distance de ce fleuve. Pline & Ptolémée la placent aussi en Arabie. Son nom est toujours écrit *Hesbon* ou *Hesebon* en Hébreu; Ε'σβύς & Ε'σβὸς en grec. Elle subsiste encore aujourd'hui sous son ancien nom d'*Esebon*.

Cyzicus in Mysia.

N°. 11.

Entre les Villes les plus illustres & les plus riches de l'Asie, celle de Cyzique étoit distinguée par sa grandeur & par la magnificence & la quantité de ses Temples, Gymnases, Forteresses, Théâtres, & autres Edifices publics qui étoient tous de marbre. La plupart de ces monuments splendides sont représentés sur les médailles qu'elle avoit fait frapper. Dans le grand nombre de celles qui en ont été publiées, je n'en ai point vu où se trouvent réunis le Temple & la Tour qui sont sur le médaillon de Caracalla qui termine cette Planche.

Fin du troisieme Supplément.

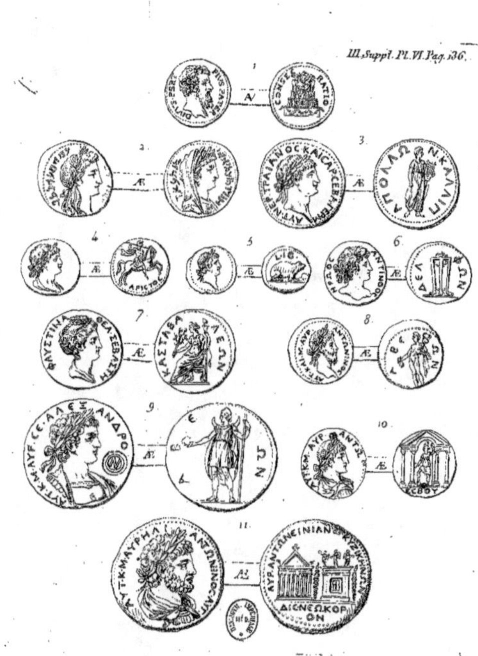

QUATRIEME ET DERNIER SUPPLÉMENT

AUX SIX VOLUMES

DE RECUEILS

DES MÉDAILLES

DE ROIS, DE VILLES, *&c.*

PUBLIÉS en 1762, 1763 & 1765.

A PARIS,

Chez **L. F. DELATOUR**, rue Saint Jacques,
à Saint Thomas d'Aquin.

─────────────

M. DCC. LXVII.

Avec Approbation & Privilege du Roi.

EXPLICATION

De la Médaille Phœnicienne présentée dans le Fleuron du Titre.

J'ai donné dans les précédents Recueils deux médailles en or & deux autres en argent d'Alexandre le Grand qui contiennent des légendes en caractères Phœniciens, par lesquels on reconnoît que c'est la ville de *Ptolémaïde* en Palestine qui les a fait frapper, & qui y a marqué avec son ancien nom *Ace*, ou *Aco*, les années qu'elle comptoit lors de leur fabrication. On n'avoit point encore vu de ces sortes de médailles en bronze avec la tête d'Alexandre. J'ai trouvé à en acquerir une que je présente dans le fleuron du titre du présent Supplément. Les deux premiers caractères de la légende Phœnicienne, en lisant de droite à gauche, font un *Ain* & un *Caph* qui marquent le nom de la ville. Les caractères numériques qui suivent, forment le nombre vingt-six suivant la valeur qu'on donne à ces especes de chiffres. Après cette date, on voit des traits qui ne font pas bien distincts, quoique la médaille soit d'ailleurs d'une belle conservation. Ces traits qui font figurés dans le dessein tels qu'ils

a ij

paroiſſent ſur le bronze, pourroient être pris pour deux lettres, ſavoir pour un *Schin* & pour un *Thau* s'il y avoit des exemples que ces deux lettres qu'on juge être le nom abrégé de שנה qui ſignifie année, euſſent été placées quelquefois après les dates comme elles ſont miſes avant pour l'ordinaire. Mais quoi qu'il en ſoit, il reſte pour conſtant que cette médaille eſt de la ville de Ptolémaïde qui l'a fait frapper dans la vingt-ſixieme année de l'ere qu'elle ſuivoit. L'origine de cette ere n'a pas encore été déterminée. J'eſtime que c'étoit vraiſemblablement l'ere d'Alexandre qui, comme je l'ai marqué M. I. pages 41 & 118, étoit fixée au temps qu'il avoit commencé à régner en Aſie après la célebre victoire qu'il remporta ſur l'armée de Darius en l'année 421 de la fondation de Rome, la trois cent trente-troiſieme avant J. C. Il s'enſuit de cette date de l'année 26 de l'ere d'Alexandre que la préſente médaille a été frappée 16 à 17 ans après ſa mort arrivée en l'année 324 avant J. C. En rapportant des médailles d'or & d'argent de ce Prince avec des dates de même ſorte, j'ai marqué que, ſelon toutes les apparences, elles avoient été ainſi fabriquées à ſon image & avec ſon nom à l'occaſion des Sacrifices & des Fêtes ſolemnelles qui étoient célébrées chaque année dans les Temples qu'on lui avoit consacrés comme à un Dieu de son vivant, & qu'on continua de lui rendre des honneurs divins dans ces Temples, dont plusieurs subsisterent long-temps depuis sa mort, témoin celui qui existoit encore plus de cinq cents ans après dans la ville d'*Arca* appellée ensuite *Césarée du Liban*, comme je l'ai marqué **M. I.** page 34. en y rapportant un trait de l'histoire de l'Empereur Sévere Alexandre, savoir que Mammée sa mere étant allée à *Arca* avec son mari pour assister à une Fête solemnelle qu'on y célébroit en l'honneur du Roi Alexandre, elle accoucha dans son Temple de cet Empereur en l'année 208 de J. C.

EXPLICATION *de la Médaille Phœnicienne présentée dans la Vignette de la premiere page.*

CETTE médaille étant, selon les apparences, d'une ville voisine de celle de *Ptolémaïde* où la médaille précédente d'Alexandre a été frappée, j'ai estimé devoir par cette raison les placer l'une à la suite de l'autre. On voit sur celle-ci d'un côté une tête de femme tourelée qui est le symbole d'une ville fortifiée, & de l'autre côté le type d'une proue de na-

vire au-deſſus de laquelle ſont trois caracteres Phœniciens, & au-deſſous des eſpeces de chiffres tels
qu'on en trouve ſur des médailles de pluſieurs autres villes de Phœnicie & de Paleſtine. Des trois caracteres qui ſont dans le champ, & qui doivent marquer le nom de celle qui a fait frapper cette médaille,
les deux premiers ſont inconteſtablement un *Mem*
& un *Aleph*. Le troiſieme n'a point encore été vu,
que je ſache, ſur aucune autre médaille ; mais il eſt
ſi ſemblable par ſa forme à des *Ghimel* qui ſe trouvent dans les Alphabets Samaritains, qu'il n'y a pas
lieu de penſer qu'il puiſſe avoir une autre valeur.
Ainſi ces trois lettres *Mag.* doivent déſigner la
ville de *Mageddo*, parce que parmi toutes les villes
de Phœnicie & de Paleſtine, ſoit maritimes, ſoit voi-
ſines de la mer, auxquelles leur poſition permettoit
d'employer une proue de navire pour type ſur
leurs monnoies, on n'en connoît aucune autre dont
le nom commence par les lettres *Mag.* Il eſt vrai
qu'elle n'étoit point ſur le bord de la mer, mais elle
en étoit peu éloignée, & pouvoit y avoir commu-
nication autant que l'on en peut juger par ce qui eſt
dit de cette ville dans les Livres ſacrés qui en font
mention en divers endroits ſans déterminer préci-

fément fa fituation. Il réfulte feulement des paffages où il en eft parlé, qu'elle étoit dans un champ très-grand qui s'étendoit du côté de l'Occident jufques vers la ville de *Ptolémaïde*. Reland prétend qu'il s'é-tendoit même jufqu'à la mer, en difant *contigit maribus*. Mais de ce que dans le Chap. V du Livre des Juges, il eft marqué particuliérement que l'armée des Rois de Chanaan avoit été entiérement défaite à *Thanach* dans ce même champ près *des eaux de Mageddo*, & que le torrent de *Kifon* avoit entraîné les cadavres de ces Rois, d'autres ont jugé que par les *eaux de Mageddo* l'on devoit entendre le Kifon, qui fe trouvant groffi en ce lieu - là de plufieurs ruiffeaux qui tom-boient des montagnes des environs, formoit alors un fleuve qui de-là alloit fe décharger à la mer dans le golphe de *Ptolémaïde*. Il me paroît que ces citations fuffifent pour montrer que *Mageddo* étoit affez pro-che de la mer pour avoir pu faire battre des monnoies avec le type d'une proue de navire.

Il me refte quelques obfervations à faire touchant les caracteres numériques qui font au-deffous de cette proue. Le coin fur lequel ils étoient gravés, avoit, fuivant toute apparence, plus d'étendue que le flaon préparé pour la médaille où le premier caractere qui paroît fur le bord à droite eſt un *Thau* , tandis qu'il devoit être précédé d'un *Schin* pour faire le mot abrégé de *Schenat* , année. Les ~~deux traits horizon-taux~~ *trois caracteres numeriques* placés l'un ~~ſur~~ *apres* l'autre qui ſuivent le *Thau* , marquent le nombre ~~vingt~~ *Soixante* , après quoi l'on ne voit que trois unités qui étoient peut-être ſuivies de quelques autres ſur le coin , de ſorte que le nombre d'années marqué par ces chiffres pouvoit excéder celui de ~~vingt~~ *Soixante*-trois.

Je dois encore remarquer que la ville de *Mageddo* étoit dans une contrée où pluſieurs autres villes avoient pendant un temps compté leurs années de l'ere d'Alexandre , comme on le voit par les médailles que j'ai données de ce Prince , frappées à *Aſcalon* & à *Ptolémaïde* , & par une d'Auguſte que j'ai attribuée à la ville de *Céſarée ad Panium*. On a beaucoup d'autres médailles Phœniciennes ſur leſquelles on voit de pareils caracteres numériques qui marquent ſans doute les années que comptoient, lors de leur fabrication , les villes qui les ont fait frapper. Mais on n'a pu découvrir juſqu'à préſent à quelles villes ces médailles appartiennent. J'en ai rapporté pluſieurs de cette eſpece , P. III , pl. CXIX.

QUATRIEME

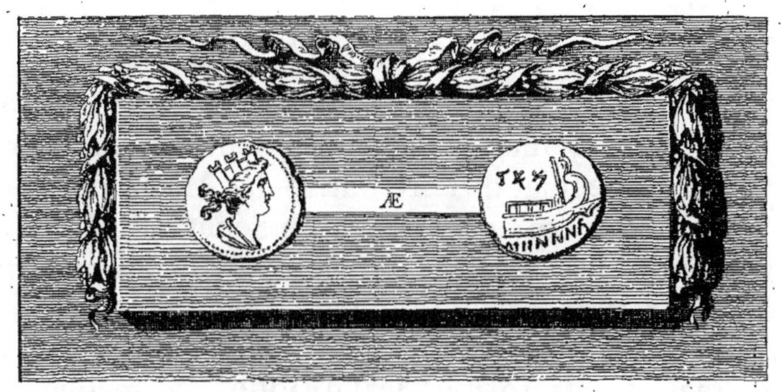

QUATRIEME
SUPPLÉMENT
AUX SIX VOLUMES
DE RECUEILS DES MÉDAILLES
DE ROIS ET DE VILLES, &c.
PUBLIÉS EN 1762, 1763 ET 1765.

MÉDAILLES IMPÉRIALES.

AUGUSTE.

VAILLANT & la plupart des autres Antiquaires
ont jugé que toutes les médailles frappées hors
de Rome, qui ont à leur revers S. C. au milieu
d'une couronne, avoient été fabriquées en Syrie

IV. SUPPLÉMENT.   A

& particuliérement dans la ville d'Antioche, laquelle y marquoit par ces deux lettres le privilége spécial de faire battre des Monnoies, qui lui avoit été accordé par le Sénat Romain, & qui lui fut enfuite confirmé par les Empereurs. Ils n'avoient pas vu apparemment de médailles pareilles à la premiere de cette Planche, dont la matiere, la forme, la fabrique, & le lieu où elle a été trouvée avec d'autres femblables, font également connoître qu'elles ont été frappées dans l'Ifle de Chypre. Ces médailles & plufieurs autres tant de Tibere au revers d'Augufte déifié, que de Claude avec la légende KOINON KY-ΠΡΙωN y ont été tirées depuis peu de temps d'un endroit proche de *Larneca* à vingt pieds fous terre où elles étoient en grande quantité ; mais fi maltraitées par la rouille & par le verd de gris, que dans le nombre il ne s'en eft trouvé que très-peu d'une entiere confervation. On reconnoît aifément à leur matiere que c'eft du cuivre rouge que l'Ifle produifoit, & qui étoit très-eftimé anciennement par fa pureté & par fa beauté. Il y a contracté autant de dureté que s'il avoit été trempé, de forte qu'à peine le burin a pu mordre dans celles qu'on a voulu nettoyer. Comme on ne peut douter qu'elles n'aient été

frappées en Chypre, il en faut conclure, contre
le fentiment des Antiquaires, qu'à quelque titre
que ce foit que les lettres S. C. ont été mifes au
milieu d'une couronne fur des médailles fabriquées hors de Rome, les villes de Syrie n'étoient
pas les feules qui fiffent battre des monnoies de
cette efpece.

TIBERE.

LA médaille du N°. 2. eft de même fabrique que la précédente. Elles ont été trouvées
enfemble avec la fuivante, & avec d'autres femblables. Je ne crois pas qu'il en ait été publié
aucune où les têtes de Tibere & d'Augufte
foient repréfentées au revers l'une de l'autre
comme elles le font fur celles-ci.

CLAUDE I.

LES médailles de l'Empereur Claude en
moyen bronze, avec la légende KOINON KY-
ΠΡΙΩΝ. au milieu d'une couronne de laurier,
font communes. On n'en avoit point encore
vu de pareilles en grand bronze. C'eft parce
qu'en général les médailles grecques de ce
Prince font extrêmement rares en ce module,

PLANCHE I.

N°. 2.

CYPRUS Infula.

CYPRUS Infula.

A ij

PLANCHE I.
N°. 3.

que je donne celle qui eſt préſentée ſous le N°. 3. Elle eſt, comme on le voit, de la plus grande forme. J'en ai une autre ſemblable d'un coin différent, la tête de l'Empereur y étant repré‑ ſentée tournée de gauche à droite.

AGRIPPINE.

N°. 4.

PERGAMUS in Myſia.

LA médaille du N°. 4 repréſente la tête d'A‑ grippine d'un côté, & celle de Claude de l'au‑ tre côté, ſans que la ville qui l'a fait frapper y ait marqué ſon nom, ſi ce n'eſt par un mono‑ gramme tout ſemblable à celui qu'on voit ſur le médaillon unique de l'Empereur Claude, que j'ai rapporté, P. III, Pl. CXXXII, N°. 6. Les lettres ΠΕΡ. que ce monogramme contient, dé‑ ſignent vraiſemblablement le nom de la ville de Pergame, qui eſt marqué par un monogramme différent ſur tous les ciſtophores qu'elle a fait frapper en argent, ainſi que je l'ai déja obſervé.

COMMODE.

AMPHIPOLIS in Macedonia.
N°. 5.

LA médaille de Commode, frappée à *Amphi‑ polis* de Macédoine, que je donne ſous le N°. 5, repréſente au revers Europe aſſiſe ſur un tau‑

reau, tenant de la main droite le bout d'un
voile qui voltige autour de fa tête. Quoique ce
type foit commun, la médaille m'a paru mériter d'être rapportée, non-feulement parce que
Vaillant n'en avoit connu aucune de cette ville
avec la tête de Commode, mais encore parce
que le petit Temple qui eft au-deffus de la tête
d'Europe, & la lettre Γ que l'on voit dans le
champ, font des fingularités qu'on n'avoit point
encore remarquées fur des médailles d'*Amphipolis*. J'eftime que celle-ci a été frappée à l'occafion des facrifices que cette ville offrit fo-
lemnellement pour la confervation de Commode, & que c'eft ce que défigne le Temple
qui y eft repréfenté. La lettre Γ qui eft dans le
champ doit fignifier que c'étoit pour la troifieme fois qu'elle offroit des facrifices publics
pour cet Empereur, fuivant le fentiment de
M. l'Abbé Belley, qui s'eft propofé de montrer
que les Antiquaires n'ont pas expliqué d'une
façon fatisfaifante jufqu'à préfent ce que fignifient les lettres ifolées qui fe trouvent pareillement dans le champ de beaucoup de médailles
d'autres villes grecques, où elles ne peuvent
marquer que des nombres, & que ces nombres
fpécifient la quantité de fois que ces villes

PLANCHE
I.
Nº. 5.

PLANCHE
I.
N°. 5.

avoient offert des facrifices, ou célébré des jeux & des fêtes folemnelles en l'honneur des Empereurs. Je ne puis que me remettre aux exemples qu'il rapportera pour autorifer & confirmer fa découverte, & il n'y a pas lieu de douter qu'il ne les accompagne de tous les éclairciffements qu'on peut defirer.

SEPT. SÉVERE.

N°. 6.

*ARADUS
in Phœnicia.*

LA médaille du N°. 6. n'a d'autre mérite que d'être d'une Ville dont on n'en avoit encore vu aucune avec la tête de Sept. Sévere. Dans le Chapitre où Vaillant rapporte toutes les médailles impériales connues de la ville d'Arade, qui contiennent des époques, il n'y en a point de cet Empereur, ni de Caracalla fon fils. J'en ai donné une de Caracalla, Tome II du Mélange, pag. 142, avec la date de l'année ΥΟΔ. 4ɣ4. Celle-ci de Sept. Sévere eft datée de l'année ϚΝΥ. 456, laquelle partant de l'ére d'*Arade* qui avoit commencé en l'an 495 de la fondation de Rome, tombe en l'année 950, qui étoit la cinquieme du regne de cet Empereur.

SEPT. SÉVERE.

LE médaillon de Sept. Sévere que je préfente fous le N°. 7, m'a paru mériter d'être raporté non-feulement afin que l'on ne compte pas fur la defcription que Vaillant a donnée d'un femblable médaillon, mais encore pour remarquer les fingularités du type qu'il contient.

Celui que ce favant Antiquaire a publié, n'étoit pas apparemment bien confervé. Il y a lu ΕΠΙ. ΔΗΜΗΤΡΙΑΝΟΥ. ΘΕΡΜΑΝΔΡΟΥ. ΠΕΡΓΑΜΗΝΩΝ. Β. ΝΕΩΚΟΡΩΝ, & il dit que le type repréfente un Victimaire qui immole un taureau à Efculape qui eft debout fur un cippe. On lit fur celui-ci ΕΠΙ. CΤΡΑ. ΚΛΑΥΔΙΑΝΟΥ. ΤΕΡΠΑΝΔΡΟΥ. ΠΕΡΓΑΜΗΝΩΝ. Β. ΝΕΩΚΟΡΩΝ, & c'eft Bacchus qui eft repréfenté fur le cippe, tenant un pot de la main droite, & un thyrfe de la main gauche.

Outre ces différences dans la légende & dans le type, je crois devoir obferver que parmi le grand nombre de médailles que l'on a de *Pergame*, je n'ai vu jufqu'à préfent que ce médaillon, & un autre de Commode, publié auffi par Vaillant, qui faffent connoître que le culte de Bacchus étoit établi dans cette Ville, dont la Divinité principale & tutélaire étoit Efculape. Je ne connois d'ailleurs aucun autre monument où l'on voye qu'un taureau ait été offert en facrifice à Bacchus, & je ne trouve point qu'il ait été fait mention de lui par les anciens Ecrivains qui ont parlé des Dieux auxquels on immoloit des taureaux. C'eft aux Mythologiftes à rendre raifon de cette fingularité.

Ceux qui jetteront les yeux fur le deffein du préfent médaillon, pourront les arrêter à la figure qui tient des deux mains élevées une maffe pour affommer le taureau, & juger à fa coëffure & à fon habillement qu'elle reffemble plus à une femme qu'à un homme. C'eft pourtant un Miniftre des facrifices, appellé *Popa* en latin, lequel devoit être figuré de cette façon quand il étoit repréfenté en grand. On fait, par ce qu'en ont dit les anciens Auteurs, que dans fes fonctions, qui étoient bornées à affommer la victime, au lieu que le Victimaire étoit celui qui l'égorgeoit, il avoit une couronne de laurier, ou de verveine nouée avec des rubans fur fa tête, & que fon habillement confiftoit en un *Limus*. C'étoit une efpece de jupe ou de jupon fort ample, qui avoit une bordure de couleur de pourpre, & qui defcendoit en s'élargiffant

depuis

depuis la ceinture juſqu'à mi-jambe, de ſorte que par-là ce Miniſtre avoit aſſez l'air d'une femme. S'il ne paroît pas de même ſur les médailles ordinaires où ſont repréſentés des ſacrifices, c'eſt que les figures y ſont trop petites pour qu'on ait pu y bien diſtinguer leur habillement.

PLANCHE I.
N°. 7.

G E T A.

JE ne donne la médaille du N°. 8, que pour être ajoutée au Recueil général des médailles de Colonies, qui a été publié par Vaillant, où il n'y en a aucune de *Pella* ſous Géta. Du reſte le type qu'elle contient ſe trouve ſur d'autres médailles qu'il a rapportées de cette Colonie.

N°. 8.
PELLA
in Macedonia.

G O R D I E N.

LA ville de Theſſalonique a fait frapper une très-grande quantité de médailles pour l'Empereur Gordien, avec des types différents qui ſont connus, & qu'on trouve employés aſſez communément pour la plupart ſur des médailles d'autres Villes. Le type que contient celle que je donne ſous le N°. 9, me paroît ſingulier en ce que les quatre principaux attributs d'Apollon y ſont

THESSALONICA
in Macedonia.

N°. 9.

IV. SUPPLÉMENT.   B

Mr. Je trouve dans le Tesoro Britannico une medaille d'Otacilie où Apollon est aussi representé avec ses quatre attributs.

réunis, ce que je n'ai vu jufqu'à préfent fur aucune des médailles dont j'ai connoiffance. Le Dieu y eft repréfenté nu debout, tenant de la main droite une branche de laurier. Derriere lui une lyre eft pofée fur une haute colonne qu'un ferpent entoure des plis de fon corps dans toute fa longueur, & un arc eft placé entre cette colonne & la figure. Ces quatre fymboles défignent les quatre Arts principaux, dont, fuivant l'opinion des Grecs, Apollon avoit été l'Inventeur ; favoir, la Divination, la Mufique jointe à la Poéfie, la Médecine, & l'Art de tirer de l'arc.

Le laurier avoit rapport à la fable de la Nymphe Daphné, qui fuyant Apollon pour fe dérober à fes pourfuites, fut changée en cet arbre. La Pythie, Prêtreffe du temple de Delphes, en mâchoit des feuilles pour exciter en elle l'enthoufiafme avec lequel elle rendoit fes Oracles. Chez les Romains, le laurier étoit une marque de fouveraineté, de gloire & de victoire.

La lyre étoit en Grece le fymbole de la Mufique & en même temps de la Poéfie, parce que les vers étoient faits pour être chantés au fon de cet inftrument, dont l'invention étoit auffi attribuée à Apollon. Ce fymbole avoit trait à

l'Histoire fabuleuse du défi qui lui fut fait par
le Satyre Marsyas, lequel prétendant mieux
jouer de la flûte que le Dieu ne jouoit de la lyre,
fut vaincu à l'épreuve, & puni de sa témérité
par être écorché vif.

Le serpent étoit le symbole de la Médecine,
non-seulement parce qu'il se rajeunit, pour ainsi
dire, en changeant de peau tous les ans, mais
encore parce que parmi les diverses especes de
serpents, il y en a qui entrent dans la composi-
tion de remedes salutaires. Apollon avoit en-
seigné les secrets de cet Art à Esculape qui étoit
réputé son fils, & qui fut révéré comme Dieu de
la Médecine, & représenté en cette qualité sous
la figure d'un serpent. On rapporte aussi à ce
symbole la fable du serpent Python, qui fut
tué par Apollon.

L'arc étoit pareillement un de ses attributs,
parce qu'il l'avoit inventé, & s'en étoit servi
pour tuer ce serpent, ainsi que les enfants de
Niobe, & pour beaucoup d'autres exploits;
notamment pour faire remporter quelquefois
des victoires à des armées qu'il favorisoit en y
combattant sans être vu, & d'autres fois pour
lancer sur la terre des fleches empoisonnées,
qui répandoient la peste en des lieux dont les

P L A N C H E
I.
N°. 9.

B ij

peuples ou leurs chefs avoient commis des crimes qui offenſoient les Dieux.

Il faut remarquer que l'arc & le ſerpent ne ſont employés pour attributs d'Apollon, que quand ils accompagnent ſa figure. Lorſque l'arc eſt repréſenté ſeul ſur des médailles, il y marque ordinairement le culte qui étoit rendu à Hercule par les Villes qui les avoient fait frapper. Le ſerpent ſeul y déſigne le Dieu Eſculape, ou Hygiée ſa fille, qui étoit la Déeſſe *Salus*. Mais le type du laurier ſeul, & celui de la lyre ſeule y ſont toujours employés comme attributs propres & particuliers d'Apollon.

GALLIEN.

LES médailles Impériales que Vaillant a publiées de la ville de *Theſſalonique* en grande quantité, ſont toutes de moyen & de petit bronze. Celles de Gallien que préſentent les Nᵒˢ. 1 & 2, ſont de grand bronze. Je ne les donne que parce qu'on n'en avoit point encore vu de *Theſſalonique* en ce module. Je préſume que cette Ville en fit frapper de cette ſorte contre ſa coutume, pour mieux marquer à Gallien ſa reconnoiſſance de ce qu'il avoit contribué à

PLANCHE
I.
Nᵒ. 9.

PLANCHE
II.
THESSALONICA
in Macedonia.
Nᵒˢ. 1. 2.

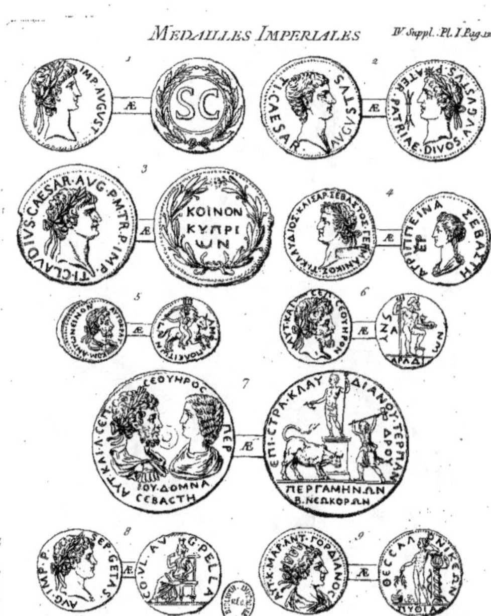

MEDAILLES IMPERIALES
IV Suppl. Pl. I Pag. 19.

lui faire donner le titre de Colonie par Valérien
fon pere, auquel il étoit affocié dans le gouvernement de l'Empire. Il y avoit des avantages
attachés autitre de Colonie, qui lui faifoient
regarder ce titre comme une faveur fignalée. Je
me remets à ce que j'ai dit au fujet du troifieme
Néocorat qu'elle obtint auffi de Gallien, fuivant les médailles de cet Empereur & de Salonine fa femme, que j'ai rapportées M. I. pages
332 & 338, où j'ai obfervé que la vraie fignification de la lettre Δ. qui eft dans le champ de
leur revers n'avoit pas été découverte. Mais elle
l'a été depuis par M. l'Abbé Belley, comme je
l'ai ci-devant marqué ; & je ne doute pas qu'il
ne faffe ufage de ces diverfes médailles qui paroiffent confirmer fon opinion par les types
qu'elles contiennent.

SALONINE.

JE ne crois pas que les deux médailles de
Salonine, préfentées fous les Nᵒˢ. 3 & 4 de cette
Planche, aient été publiées. Elles font, comme
on le voit, des villes de *Perga* & de *Side* en
Pamphylie, & ont chacune pour type, à leur
revers, un Temple où font repréfentées les Di-

PLANCHE
II.
Nᵒˢ. I. 2.

Nᵒˢ. 3. 4.

PERGA
&
SIDE
in Pamphylia.

vinités auxquelles ils étoient confacrés. Ces médailles furent frappées fans doute à l'occafion des facrifices qu'on y offrit pour Salonine; & les lettres numérales qui font devant fa tête, favoir Є dans l'une, & I dans l'autre, doivent marquer, fuivant le fentiment de M. l'Abbé Belley, le nombre de fois qu'il en fut offert pour cette Impératrice dans chacun de ces Temples. Il eft à obferver que fur la médaille de *Side* la lettre Є eft incufe, c'eft-à-dire, qu'elle y a été imprimée avec un poinçon après la fabrication de la médaille.

GALLIEN.

LA médaille de Gallien en argent que préfente le N°. 5, a pour légende au milieu du revers S. P. Q. R. OPTIMO. PRINCIPI. Jufqu'ici il n'en a été cité qu'une pareille de la Collection de Cavacorta par Mezzabarbe & par Banduri d'après lui. Comme on ne la voit dans aucun des Catalogues qui ont été publiés depuis, j'ai cru devoir donner celle-ci, afin qu'on ne puiffe douter qu'il en exifte de femblables. De ce qu'il s'en trouve fi peu, tandis que toutes les autres médailles de ce Prince font en général fort communes, on peut en inférer qu'il fut frappé une petite quantité de celles-là, parce qu'il ne méritoit en aucune façon le titre d'*Optimus* qu'elles lui donnent.

PLANCHE
II.
Nº. 5.

MAXIME, *Tyran en Espagne.*

LA petite médaille d'argent que préfente le Nº. 6, a pour légende d'un côté D. N. MAXIMVS. P. F. AVG. La tête qui y eft repréfentée eft ceinte d'un diadême en forme de couronne. Au revers on lit VICTORIAAAVGGG. autour d'une figure de femme affife, qui tient de la main droite l'image de la Victoire, & s'appuie de la main gauche fur une hafte. Cette médaille, qui eft d'une bonne confervation, n'excede gueres la grandeur d'un quinaire, & ne pefe que 21 à 22 grains. Après l'avoir bien examinée, j'ai cru pouvoir l'attribuer fûrement à un Tyran appellé du feul nom de *Maxime*, qui fous le regne de l'Empereur *Honorius*, prit en l'année 409 le titre d'Augufte, à l'inftigation de *Géronce*, commandant en Efpagne les troupes de *Conftantin*, autre Tyran, qui s'étoit révolté dans la Grande Bretagne deux ou trois ans auparavant, & qui s'étoit emparé enfuite des Gaules & de l'Efpagne. Les Auteurs qui ont parlé de ce Maxime

Nº. 6.

Tyran, ne s'accordent pas bien dans ce qu'ils en rapportent. On en recueille que *Géronce* le fit revêtir de la pourpre qu'il n'ofa pas prendre lui - même ; mais qu'il fe réferva la principale autorité avec le commandement des troupes ; & qu'après fa mort, arrivée en 411, *Maxime* fe dépouilla volontairement des ornements Impériaux, ou en fut dépouillé par force, & fe retira chez des Peuples barbares d'Efpagne, où, fuivant Orofe, il vivoit misérablement en 417, dans le temps que cet Auteur écrivoit. D'autres difent qu'il fût tué après la mort de *Géronce* ; & d'autres prétendent qu'en 419 il reparut avec la pourpre, qu'il régna encore pendant trois ans dans une partie de l'Efpagne, & qu'en 422 il fut pris & conduit à *Ravenne*, où *Honorius* le fit exécuter à mort publiquement.

Je préfume que quelqu'un pourra juger que cette médaille eft plutôt d'un autre Tyran plus renommé dans l'Hiftoire, qui portoit pareillement le nom de *Maxime*, dont la rébellion avoit commencé dans la Grande Bretagne, fous le regne de *Gratien* en 383. Je l'avois auffi penfé d'abord ; mais en la comparant aux médailles que l'on a de cet autre Maxime en tous métaux, j'y ai trouvé des différences qui ne permettent pas

pas de la lui attribuer. Voici celles que j'y ai
remarquées.

1º. Sur cette médaille-ci, il n'y a que le fimple nom de MAXIMVS, tandis que fur toutes
les autres, fans exception, le nom de MAXIMVS
eft toujours précédé du prénom MAG*nus*.

2º. La tête ne reffemble en aucune façon à
celle que l'on voit fur les médailles de MAG.
MAXIMVS. Les traits de vifage y font totalement
différents.

3º. La médaille en queftion differe auffi des
autres par fon module & par fon poids, qui
n'eft, comme je l'ai déja dit, que de 21 à 22
grains, au lieu que celles-là pefent de 29 à 30
grains.

4º. Le revers préfente des différences qui
font encore beaucoup plus remarquables; c'eft
une figure de femme affife qui y eft repréfentée,
tenant de la main droite une victoire. De toutes
les médailles de *Mag. Maximus*, & des Empereurs qui ont régné de fon temps, il n'y en a
aucune qui ait un pareil type avec la légende
VICTORIA, & cette légende n'y eft fuivie que
des lettres AVGG, tandis que fur celle dont il
s'agit, on lit VICTORIAAAVGGG. On n'avoit vu
jufqu'à préfent une pareille légende avec le

IV. SVPPLÉMENT.   C

même type, que sur les médailles de *Constantin*
Tyran, & de *Constans* * son fils, qu'il s'étoit associé en lui donnant le titre d'Auguste. Cette conformité dans le type & dans une légende aussi
singuliere, ne laisse pas lieu de douter que les
médailles qui les contiennent, ne soient du
même temps, & que par conséquent celle en
question n'appartienne au *Maxime* qui a porté
le titre d'Auguste en Espagne. Il est à observer
qu'il ne s'étoit révolté directement que contre
Constantin, & delà il y a lieu de juger que les
trois G G G, qui désignent trois Augustes, n'ont
point de rapport à *Constantin* & à *Constans* son
fils, mais plutôt aux Empereurs *Honorius* &
Théodose II, qui régnoient alors l'un en Occident, & l'autre en Orient. *Maxime* se déclaroit
par-là comme leur associé, soit qu'ils y eussent
consenti, ou qu'il se le crût permis en faisant
la guerre à leurs ennemis. S'il ne la fit pas lui-
même en personne, les troupes de son parti
commandées par *Géronce*, combattirent celles
de *Constantin*, défirent l'armée de *Constans*, &
le chasserent d'Espagne. C'est vraisemblable-

* J'ai donné, Tom. I du Mélange, pag. 195, une médaille
très-rare de ce *Constans*. Le P.
Banduri n'en avoit cité qu'une
autre seulement. Celle que je rapporte ici de *Maxime*, Tyran en
Espagne, est la seule qui soit
connue jusqu'à présent.

ment à l'occasion de cette victoire remportée
sur les deux autres Tyrans que la présente médaille fut frappée.

PLANCHE
II.
Nᵒ. 6.

MICHEL DUCAS.

ON néglige communément les médailles des
Empereurs Grecs qui ont régné dans le Bas-Em-
pire, parce qu'elles sont d'une mauvaise fabrique, & ne contiennent pour l'ordinaire rien de
remarquable dans leurs types, ni dans leurs légendes. Il y en a cependant qui ont des singula-
rités qui méritent d'être connues. Jusqu'ici il n'en
a été publié qu'en or de Michel Ducas, surnommé *Parapinace*, fils de l'Empereur Constantin
Ducas. Ces médailles ont des types & des légendes communes. Celle que je donne sous le Nᵒ. 7,
est d'argent. L'Empereur & Marie sa femme y
sont représentés en face avec une croix au milieu, qui est d'une forme peu ordinaire. On lit
autour de leurs têtes MIXAHΛ. KAI. MAPIA. ЄN.
XPICTω. NIKATЄ. Tout le champ du revers, qui est
sans type, est rempli par la légende MIXAHΛ. KAI.
MAPIA. ΠICTOI. BACIΛЄIC. PωMAIωN. On voit
par-là que cet Empereur & sa femme prenoient
le titre pieux de ΠICTOI, c'est-à-dire, de *Fideles*.

Nᵒ. 7.

C ij

Je ne trouve point que ce titre, que les Chrétiens s'étoient déja approprié en forme de nom, ait été employé fur aucune autre médaille, mais feulement dans des Infcriptions. Je me difpenfe de rien dire des événements arrivés fous le regne de Michel Ducas, qui demeura fur le trône depuis l'année 1071 jufqu'en 1078. Ils font connus par l'Hiftoire qui en fait mention dans un affez grand détail. J'obferve feulement que l'état qu'il embraffa dans les dernieres années de fa vie, répondit parfaitement au titre qu'il s'étoit donné auparavant. Contraint d'abandonner la couronne Impériale à Nicéphore Botoniates, qui s'étoit révolté contre lui, il fe dépouilla de la pourpre pour prendre l'habit de Religieux en fe retirant dans un Couvent, & il fut fait enfuite Archevêque d'Ephefe. Mais Marie fa femme, qui s'étoit auffi réfugiée dans un Monaftere, en fut rappellée bientôt après par Botoniates, qui l'époufa du vivant de Michel fon mari, pour lequel Alexis Comnene, qui fuccéda à Botoniates, eut toute forte d'égards pendant tout le temps qu'il vécut.

MÉDAILLES DE VILLES.

SOTIOGA, in Gallia.

M. Audibert, Archiprêtre de *Verfeil*, proche de la ville de *Touloufe*, m'ayant mandé qu'il avoit une médaille des *Sotiates*, trouvée à *Vieille Touloufe*, qui eft un peu différente de celle que j'ai donnée P. I. Pl. v, N°. 4, je l'ai prié de me l'envoyer, & il a bien voulu avoir cette complaifance. Comme elle eft mieux confervée que la mienne dans les premieres lettres du nom du Roi de ces Peuples, je l'ai fait deffiner très-exactement, & je la rapporte ici fous le N°. 8, afin qu'on fache quel étoit le vrai nom de ce Roi, qui, comme je l'ai marqué, eft écrit diverfement dans prefque tous les Manufcrits & Imprimés des Commentaires de Céfar. On lit très-diftinctement fur la préfente médaille REX ADIETVAN. Cette derniere lettre N, qui s'y trouve fur le bord, devoit être fuivie dans le coin des deux autres VS. qui font fur la mienne. Ainfi il paroît certain à préfent que le

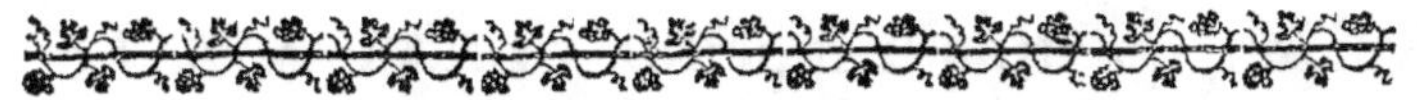

PLANCHE
II.

N°. 8.

Le nom de ce Roy est écrit ADIANTOMVS dans Athenée qui d'après Nicolas de Damas en rapporte une Singularité remarquable, Sçavoir que Sa Garde étoit composée de Six cent de ces hommes choisis que les Gaulois appelloient en leur langue SILODVNI, ou plutôt SILODVRI Suivant Cazaubon, lesquels faisoient vœu de vivre et de mourir avec ceux qu'ils servoient.

Roi en queſtion s'appelloit ADIETVANVS. Le nom de la Ville écrit au revers, ne ſe trouve pas en entier non plus dans la médaille de M. Audibert. On n'y voit que SOTIOI. au lieu de SOTIOΓA. qu'il y a certainement ſur la mienne. Quant aux types, j'avois pris pour une tête de lion les traits groſſiers & inconnus qui ſont figurés ſur la premiere face, & pour un lion paſſant l'animal différent qui eſt repréſenté au revers. Du reſte, les Géographes & autres Ecrivains modernes, ont fort agité la queſtion de ſavoir quelle étoit la contrée que les *Sotiates* habitoient en Aquitaine. Ils ſont en cela de ſentiments différents ; mais l'opinion la plus probable eſt que cette contrée étoit celle appellée aujourd'hui le bas Armagnac, où eſt ſituée la ville de *Sos* ou *Sots*, dont le nom paroît avoir été formé par contraction de celui de *Sotioga*, qui, ſuivant ma médaille, devoit être anciennement le chef-lieu de ces Peuples.

A B U D I A C U M in Vindelicia.

DANS le Recueil des médailles de Villes, Tome ~~premier~~ *troiſieme*, page 187, j'ai marqué en rapportant une médaille de fabrique gauloiſe, ſur laquelle on lit ABVD & ABVDOS, qu'on pourroit la référer à *Abudiacum*, ville de Vindé-licie ou de Baviere, si l'on en connoissoit quel-ques autres latines qui eussent été frappées an-ciennement en ce pays-là. Il semble que c'est ef-fectivement le nom de cette ville qui est écrit sur la médaille que je présente sous le N°. 9, puisque sur la premiere face on lit ABVDIAC ; je ne sais pas cependant si cela peut suffire pour l'attribuer sûrement à la ville d'*Abudiacum*, & j'ignore encore plus ce que signifie le mot HIRINV. qui est inscrit sur l'autre face.

TARAS vel TARENTUM in Italia.

TARENTE étoit une des plus anciennes Villes de la grande Grece. Elle avoit aussi été une des plus riches & des plus peuplées, & si puissante que, suivant le rapport de Strabon, elle entretenoit une flotte très-considérable, & une armée de trente mille hommes d'Infanterie, & de trois mille chevaux, laquelle étoit com-mandée par mille Officiers. La grande quantité qui se trouve de monnoies qu'elle a fait frapper en tous métaux, est un témoignage authentique de son opulence ; & la fabrique sur-tout de celles d'argent qui sont très-nombreuses, fait

PLANCHE II.

N°. 9.

voir d'ailleurs qu'elles font d'une grande antiquité. Mais on n'en avoit point encore vu
d'auffi ancienne que l'eft celle que je préfente
fous le N°. 10. On reconnoît à fa forme & à fa
fabrique qu'elle eft des premiers temps où l'on
commença à battre des monnoies. Elle fut frappée avec deux coins contenant chacun le même
type, l'un gravé en creux, & l'autre en relief.
C'eft ce que M. l'Abbé Barthelemy a très-bien
remarqué à l'occafion d'une médaille de même
fabrique, frappée à *Caulonia*, qu'il a rapportée
dans fon Effai d'une Paléographie numifmatique. Il y diftingue judicieufement ces fortes de
médailles de celles appellées *incufes*, qui rece-
voient leur empreinte en creux du type en relief
d'une autre médaille que l'Ouvrier monétaire
venoit de frapper, & qu'il avoit oublié de retirer; & il explique avec autant de clarté que
d'exactitude les divers moyens que les Mon-
noyeurs employerent fucceffivement pour contenir fur le coin inférieur le flaon qu'ils avoient
à imprimer, jufqu'au temps où ils parvinrent
enfin à l'y affujettir invariablement, & à pouvoir alors fabriquer des médailles avec un type
régulier fur chacune des deux faces.

Les types que l'on trouve fur le plus grand
nombre

nombre des médailles de *Tarente*, repréſentent
d'un côté un homme nu aſſis ſur un dauphin,
avec la légende ΤΑΡΑΣ, & de l'autre côté un
cavalier tantôt armé, tantôt nu, avec des noms
de Magiſtrats, ou autres qui y étoient inſcrits
en qualité d'Eponymes, ſelon les apparences.
Elles ſont d'ailleurs variées à l'infini, tant par
ces noms divers, que par différentes marques,
telles que des couronnes, des oiſeaux, des poiſſons, des fruits, des vaſes, des inſtruments militaires, & autres ſymboles qu'on voit dans le
champ, ainſi que dans les mains des cavaliers,
& dans celles de l'homme aſſis ſur un dauphin.
Il y a peu de médailles qui ayent d'autres types
avec la légende ΤΑΡΑΣ. On en connoît ſeulement quelques-unes où la légende eſt ΤΑΡΑΝ-
ΤΙΝΩΝ, mais qui ſont d'un temps peu antérieur à la conquête que les Romains firent de
cette ville en l'année 209 avant l'ére vulgaire.
La plupart des Antiquaires ont parlé de ces
médailles, & ont jugé que l'homme nu aſſis ſur
un dauphin repréſente un fils de Neptune appellé *Taras*, qui dans les temps héroïques bâtit
la ville de *Tarente*, à laquelle il donna ſon nom.
D'autres prétendent que c'eſt *Phalante* Spartiate,
parce qu'ayant fait naufrage en y amenant par

IV. S*UPPLÉMENT.* D

mer une Colonie de Lacédémoniens qu'il avoit été chargé d'y conduire, il fut fauvé par un dauphin qui le porta à terre; & qu'après y être arrivé, il agrandit la ville, de forte qu'il en étoit regardé comme un autre Fondateur. Le cavalier qui eft pour l'ordinaire repréfenté au revers, n'ayant rien de commun avec la préfente médaille, je n'eftime pas qu'il foit néceffaire de rapporter leurs différentes opinions à cet égard. Mais dans tout ce qu'ils ont dit, & dans tout ce que les anciens Auteurs ont écrit au fujet de la Ville en queftion, je ne trouve rien qui puiffe faire bien connoître quelle eft la figure qu'on voit fur cette médaille. C'eft un homme nu qui paroît affis, ou plutôt tombé à terre, ayant la jambe gauche pliée fous lui. Il fe foutient d'une part fur le pied de la jambe droite qu'il releve, & d'autre part fur une lyre à cinq cordes qu'il embraffe du bras gauche, la tenant appuyée fous fon aiffelle. On voit dans fa main droite un inftrument qui a la forme d'un marteau, & qui eft vaifemblablement le Πλήκτρον, dont on fe fervoit pour toucher les cordes de la lyre. Je ne l'ai cependant jamais vu figuré de cette façon fur les médailles, où il eft toujours repréfenté comme une baguette droite,

foit de bois, d'ivoire, ou de métal, fans traverfe.
Dans le champ, entre le *Plectrum* & la main qui
le tient, il y a les lettres ΓΤΟ qui y font écrites
en petits caracteres. Suivant les apparences, ce
font les trois premieres d'un nom de Magiftrat,
ou peut-être du nom de la figure qui eft repréfentée fur la médaille. Je l'avois prife d'abord
pour être celle d'Apollon, & je le croirois encore s'il y avoit des exemples ou même des
raifons propres à faire juger qu'on auroit pu le
repréfenter d'une maniere auffi extraordinaire.
Cette figure reffemble plutôt à un Acteur mufi-
cien & pantomime. Mais y a-t-il lieu de penfer
que la ville de Tarente ait pu faire frapper des
médailles d'argent pour un perfonnage de cette
efpece ? Si elle l'a fait effectivement, il eft difficile de découvrir quels ont été les motifs &
l'occafion qui l'y ont engagé. Tout ce que l'on
peut dire fur cela, c'eft que les Tarentins, devenus riches, tomberent dans la molleffe &
dans le luxe qui enfantent tous les vices. La corruption qui gagna tout le peuple, fut extrême &
générale. Leurs débauches étoient exceffives &
journalieres ; & leur amour paffionné, fur-tout
pour les jeux & pour les fpectacles, étoit porté
au point que, fuivant Strabon, ils avoient plus

D ij

PLANCHE
II.

N°. 10.

Il faut en effet s'aider de fon
imagination pour voir ces trois
lettres. auffi n'en est il pas fait
mension dans le Catalogue des
medailles de la Republique.

A. L. Millin.

de fêtes publiques qu'il n'y avoit de jours dans l'année. Il n'eſt pas impoſſible, par conſéquent, que charmés du jeu d'un Acteur bouffon, ils ne l'ayent fait repréſenter ſur des médailles dans la poſture en laquelle il avoit excité leurs plus grands applaudiſſements. Si par des motifs louables & honnêtes d'autres Villes faiſoient repréſenter quelquefois ſur leurs monnoies des Philoſophes & des Poëtes célebres, il y en a eu auſſi qui y ont employé pour types des maſques, des ſymboles obſcenes, & des figures dans des attitudes les plus indécentes. Au ſurplus, je ne prétends pas, en préſentant cette conjecture ſur le type en queſtion, qu'on ne puiſſe en donner peut-être une meilleure explication.

Il me reſte quelques remarques à faire ſur la légende contenant le nom de TARAZ. La maniere dont il y eſt écrit, de droite à gauche, & la forme antique du *Rho*, qui y a une queue ou jambe courte, & la tête triangulaire, au lieu d'être arrondie, ſont autant de marques de la haute antiquité de la médaille. La forme du *Sigma* qui approche de celle du *Zeta*, eſt pareillement ſinguliere, & l'on ne trouve cette lettre ainſi figurée, que ſur les médailles les plus an-

ciennes. La finale du nom de *Siris* eſt formée
de la même maniere dans la médaille de cette
Ville, que j'ai rapportée Sup. III, Pl. III, N°.
9. Quant à la ſignification du mot *Taras*, j'avois
déja penſé, contre le ſentiment du plus grand
nombre des Antiquaires, qu'il n'eſt pas toujours
inſcrit ſur les médailles pour déſigner le Héros
Taras, fils de Neptune, & qu'il marque plutôt
le nom de la Ville qui étoit appellée anciennement *Taras*, du nom de ce Héros ſon premier
Fondateur. La préſente médaille en fournit une
preuve, en ce que la figure qui y eſt repréſentée n'eſt aſſurément pas celle de *Taras*. J'en ai
une autre, où ce mot eſt ſemblablement écrit
des deux côtés en mêmes caracteres antiques.
On peut penſer en voyant cette médaille que je
donne ſous le N°. 11, que ſur le côté qui a
pour type un homme aſſis ſur un dauphin,
c'eſt ſon nom qui y eſt marqué par la légende
TAPAΣ, & que la même légende qui eſt de
l'autre côté marque le nom de la Ville. Mais
je ſuis perſuadé que c'eſt le nom de cette Ville
qui y eſt inſcrit ſur chacun des deux côtés. Pluſieurs autres Villes de la grande Grece marquoient ainſi leur nom anciennement ſur les
deux faces de leurs monnoies, comme on le

PLANCHE
II.
N°. 10.

N°. 11.

St Aubin a gravé ſous le Dauphin
un vaſe étruſque bien formé, mais
il s'en faut bien que ce ſigne ſoit
auſſi bien caractériſé. Les Stries
longitudinales très apparentes
ſur deux autres médailles du
cabinet ne laiſſent aucun doute
que ce ne ſoit le pétoncle qui ſe
remarque ſur pluſieurs médailles
de Tarente. A. L. Millin

voit par les médailles de *Caulonia*, de *Crotone* &
de *Posidonia*. Cet usage étoit aussi pratiqué par
beaucoup d'autres Villes, & j'en ai sur lesquelles
on lit des deux côtés ΜΗΛΙΩΝ. ΡΟΔΙΩΝ. ΙΕΡΑ-
ΠΟΛΙΤΩΝ. ΙΛΙΕΩΝ. ΛΥΤΤΙΩΝ. ΠΕΛΛΑΙΩΝ.
ΑΙΖΑΝΙΤΩΝ, ΒΛΑΥΝΔΕΩΝ, ΚΟΤΙΑΕΩΝ, &ç.
Toutes les autres médailles de *Tarente* que je
connois ont pour légendes en caractères grecs
ordinaires, soit ΤΑΡΑΣ. sur le plus grand nombre, soit ΤΑΡ. ou ΤΑ. seulement sur quelques
autres. Il y en a peu qui, comme je l'ai dit,
ont ΤΑΡΑΝΤΙΝΩΝ. On en trouve aussi qui n'ont
point de légendes, ni entieres, ni abrégées, &
qui cependant sont reconnoissables par leurs
types & par leur fabrique pour être de la ville
de *Tarente*.

A R P I in Italia.

Les médailles grecques de la ville d'*Arpi*
dans la grande Grece, sont communes en
bronze. Dans la grande quantité de celles qui
ont été publiées, je n'en ai vu aucune où le
nom de cette Ville soit écrit moitié de droite à
gauche, & moitié de gauche à droite, comme
il l'est sur celle que présente le Nᵒ. 12. C'est
seulement à cause de cette singularité que je la

donne. Cette maniere d'écrire, appellée *Bouf-*
trophedon, n'étoit gueres ufitée dans la grande
Grece, que pour les noms de Villes infcrits en
caracteres grecs de la forme la plus antique,
au lieu que fur cette médaille-ci, ils font d'une
forme qui ne dénote pas une fi grande antiquité.

Planche
II.
N°. 12.

ALÆSA & ALLIBANUS in Sicilia.

Lorsque je donnai, P. III, Pl. cviii, pour
être de la ville d'*Alœfa* en Sicile, les fix médailles de ma Collection qui y font préfentées
fous les N°s. 11, 12, 13, 14, 15 & 16, je
n'avois point connoiffance de l'Hiftoire de
cette Ville qui a été imprimée à Palerme en
1753 : où l'Auteur a rapporté toutes les infcriptions, médailles & autres monuments qui
en ont été raffemblés dans les divers Cabinets
de Sicile, avec tous les Paffages des Ecrivains
anciens & modernes concernant l'origine, la
pofition, l'accroiffement, l'illuftration, la dé-
cadence, & enfin la deftruction entiere de la
Ville en queftion, dont il ne refte plus aucun veftige ; le lieu où elle étoit fituée entre
les villes d'*Entella* & de *Lilybée*, étant préfentement un champ planté d'Oliviers, appellé

PLANCHE
II.
N°. 12.

Santa Maria delle Palate. Les médailles recueillies de toutes parts qu'il en a publiées, font au nombre de 23, en deux Planches ; mais plufieurs de ces médailles ont les mêmes types, & ne different les unes des autres que par des accompagnements de divers fymboles, foit marques de monétaires, ou autres ; de forte qu'en tout elles confiftent feulement en fix types différents, dont quatre fe trouvent fur celles que j'ai rapportées fous les N°s. 13, 14, 15 & 16.

N°. 13.

J'en donne dans cette Planche ci, fous le N°. 13, une autre que j'ai nouvellement acquife, parce qu'elle contient un type différent qui ne fe voit fur aucune des autres médailles d'*Alæfa*, non plus que la tête de Diane qui y eft repréfentée ; mais je ne fais fi elle doit être attribuée à la même Ville, quoique fon nom ΑΛΑΙΣΑΣ y foit bien écrit. Elle ne contient point les lettres APX, ni le monogramme qui les renferme, comme on les trouve fur prefque toutes les médailles de la Ville dont il s'agit, qui étoit furnommée *Archonidia* du nom d'*Archonides*, Chef d'une Colonie d'habitants de la ville d'*Herbita*, lefquels après avoir fait leur paix avec Denys, Tyran de *Syracufe*, allerent fous fa conduite bâtir fur les bords

du

du fleuve *Alœsus*, une nouvelle Ville, qu'ils
appellerent *Alœsa* du nom de ce fleuve. Suivant
Diodore de Sicile, ils y ajouterent le surnom
d'*Archonidia* pour la distinguer des autres villes
de Sicile qui portoient le même nom d'*Alœsa*.
Ainsi la présente médaille sur laquelle on ne
voit point ce surnom marqué ordinairement,
soit par les lettres APX, soit par un monogramme qui les contient, pourroit bien être de
quelqu'une de ces autres villes de Sicile, ou
même appartenir à une autre du même nom,
qu'on prétend qu'il y avoit en Thrace.

Par la même raison il se pourroit bien aussi
que la médaille du N°. 12, Pl. CVIII, qui a
pour type une chouette avec divers monogrammes, ne fût point non plus de l'*Alœsa Archonidia*, dont les médailles different d'ailleurs par
leur fabrique.

Mais il faut encore moins lui attribuer celle
que je lui avois référée dans la même Pl. CVIII,
sous le N°. 11. Cette médaille qui est d'argent,
& d'une très-belle fabrique, quoique fort
petite, représente d'un côté une tête de femme
entourée de poissons, & de l'autre côté la figure d'Amphitrite. J'avois cru bien voir ΑΛΑΙΣΑΣ
dans la légende qui y est écrite en caracteres

IV. Supplément. E

Planche II. N°. 13.

extrêmement menus, dont quelques-uns ne se distinguent pas même aisément. On m'a averti que sur quelques médailles semblables qui sont à *Naples*, on lit ΑΛΛΙΒΑΝΩΝ, & qu'on prétend qu'elles sont de la ville d'*Alifæ* en Italie. Je ne conteste point que la légende ne soit ΑΛΛΙΒΑΝΩΝ ; mais je ne crois point que les médailles qui la contiennent puissent être de cette ville d'*Alifæ*, qui étoit située dans l'intérieur du pays des Sabins, & fort éloignée de la mer. Il n'est pas probable qu'elle ait été jamais habitée par des Grecs qui y ayent fait battre des monnoies en leur langue, ni qu'elle ait pu y employer des types qui désignent manifestement une ville maritime, tels que les gros poissons qui environnent la tête de femme, & la figure d'Amphitrite qui est représentée au revers. Ces types, ainsi que la fabrique, démontrent qu'elles ont été frappées en Sicile. Reste à savoir quelle étoit la Ville qui se désignoit par la légende ΑΛΛΙΒΑΝΩΝ. Je n'en trouve aucune dont le nom en approche, si ce n'est celle qui, suivant Estienne de Byzance, étoit appellée *Alabon*. En disant, comme il fait, Ἀλαβὼν πόλις ϗ ποταμός, il ne fait point mention du pays où elle se trouvoit. Il donne seulement à entendre qu'elle étoit située sur un fleuve qui portoit le même nom. Or il y avoit en Sicile, entre *Leontini* & *Syracuse*, près de la ville d'Hybla, qui fut ensuite appellée *Megara*, un fleuve auquel divers Auteurs donnent à peu-près ce nom-là. Il est appellé *Allava*, ou *Allaba* dans l'Itinéraire d'Antonin ; *Abolus*, par Plutarque ; *Alabis*, par Silius Italicus ; *Alabus*, par Diodore de Sicile, & par Ptolémée qui ne le nomme qu'en marquant la position de son embouchure Ἀλαβοῦ ποταμοῦ ἐκβολαὶ. La variété qui se trouve dans la maniere dont le nom de ce fleuve est écrit dans les Auteurs, fait concevoir aisément qu'il a pu être appellé originairement *Allibanus*, d'où les noms d'*Alabon*, *Allaba*, *Alabis*, *Abolus* & *Alabus* sont venus, soit par contraction, par abréviation ou par corruption. On sait qu'indépendamment des fautes que les Copistes commettoient, sur-tout en écrivant les noms propres qui leur étoient inconnus, les Grecs transplantés hors de leur pays les prononçoient différemment, soit en y transposant des consonnes, soit en y permutant plus souvent des voyelles, & en variant leur terminaison. Ainsi il n'est pas étonnant que dans les Auteurs qui ont parlé du fleuve en question, son

PLANCHE
II.
N°. 13.

E ij

nom s'y trouve écrit de plufieurs manieres. Si en parlant de ce fleuve, ils n'ont point fait mention de la Ville qui portoit le même nom fuivant Eftienne de Byzance, c'eft apparemment qu'ils n'en ont pas eu occafion, ou qu'elle étoit peut-être détruite de leur temps, ainfi que beaucoup d'autres villes de Sicile qui avoient exifté anciennement, & qui ne s'étoient pas relevées de leurs chûtes. Eftienne de Byzance n'en parle même que d'après Démétrius, ancien Auteur, qui la nommoit dans un Traité des *Synonymes* qui n'eft pas parvenu jufqu'à nous. Mais il fuffifoit que le fleuve dont il s'agit eût fon iffue à la mer, pour qu'il dût y avoir une Ville ou un Port dans les temps où tous les bâtiments, qui ne naviguoient gueres qu'à la vue des terres, étoient obligés de faire de fréquentes relâches. Toutes les rades & toutes les entrées des rivieres tombant dans la mer, étoient alors habitées, tant pour fournir à ces bâtiments les vivres & les autres fecours dont ils avoient fouvent befoin, que pour acheter d'eux, & leur vendre les marchandifes qui convenoient aux uns & aux autres. C'eft vraifemblablement par ce port que la ville d'*Hybla* faifoit fon commerce d'entrée & de fortie. Il réfulte des obfervations pré-

MEDAILLES DE VILLES

cédentes, que si les médailles en question ont
pour légende ΑΛΛΙΒΑΝΩΝ, comme on l'assure,
elles doivent, à mon avis, appartenir à la
Ville qui, au lieu d'*Allibanon*, est nommée
Alabon dans Estienne de Bizance, & non à la
ville d'*Alifæ* en Italie.

Planche
II.
N°. 13.

CORINTHUS in *Achaia.*

LA médaille du N°. 1. de cette Planche représente d'un côté Neptune debout, tenant
d'une main un dauphin, & de l'autre main
un trident. Il y a dans le champ COR. à
droite, & SE. à gauche. De l'autre côté est
la tête du Soleil avec la légende FLAΛ. REG.
II. VIR. Cette médaille autonome de *Corinthe* est
toute semblable à une autre moins conservée,
que j'ai rapportée Sup. III, page 102, où je me
suis contenté de marquer qu'elle étoit singuliere en ce que les villes de Grece qui avoient
été faites Colonies Romaines, n'en faisoient
frapper ordinairement qu'avec la tête des Empereurs. L'incertitude où j'étois, & où je suis
encore, sur ce que peuvent signifier les lettres
SE. qui accompagnent le nom abrégé de la ville,
m'avoit fait négliger de parler des types qui re-

Planche
III.
N°. 1.

préfentent Neptune & le Soleil , & de la légende du revers qui contient un nom de Magiftrat.

Je connoiffois bien quelques médailles Impériales de cette Colonie, fur lefquelles la tête
du Soleil eft répréfentée, & beaucoup d'autres.
qui ont pour type la figure de Neptune, foit
debout ou affis; mais je n'en avois vu aucune
où ils fuffent repréfentés l'un & l'autre enfemble. Il eft cependant tout naturel qu'ils fe trouvent ainfi fur des médailles de *Corinthe* , parce
qu'ils étoient tous deux les Divinités primi-
tives & tutélaires des Corinthiens qui , fuivant
le rapport de Paufanias , prétendoient que ces
Dieux , dans une difpute qui s'étoit élevée
entre eux touchant la poffeffion de leur pays ,
s'en rapporterent au jugement d'un arbitre appellé *Briarée* , (qui étoit, dit-on, un des Cy-
clopes) , lequel adjugea à Neptune toute la
contrée comprife fous le nom d'*Ifthme de Co-*
rinthe , & au Soleil la montagne feulement qui
fut enfuite appellée *Acrocorinthe* , parce qu'elle
dominoit la Ville & la défendoit par une for-
tereffe qui y fut bâtie.

Les anciens Auteurs ont affez parlé de
l'antiquité & de la puiffance de la premiere
ville de *Corinthe* , & l'on fait qu'ayant été

détruite entiérement par les Romains en l'année
146 avant l'ére chrétienne, Jules Céfar en fit
conftruire 107 ans après une autre dans le même
lieu , en y envoyant une Colonie compofée
d'affranchis & de foldats ; & que cette nouvelle
Ville , qui avoit repris le nom de *Corinthe* , ne
tarda pas à reprendre auffi fon ancien luftre
au moyen du grand commerce qui s'y faifoit par les Ports qu'elle avoit fur les deux
Golfes qui formoient l'Ifthme au milieu duquel
elle étoit fituée. Toutes les médailles qu'elle
fit frapper alors étoient au nom , foit des
Empereurs & Impératrices, foit des Princes &
Princeffes de leur famille. On en a une très-
grande quantité de cette efpece, depuis Jules
Céfar jufqu'au regne de Gordien; mais ce n'eft
que jufqu'à celui de Domitien qu'on y trouve
des noms de Magiftrats qui gouvernoient la
Ville en qualité de *Duumvir*. Il y a tout lieu de
juger par conféquent que non-feulement la préfente médaille , où il eft fait mention de ces
fortes de Magiftrats , a été frappée dans un
temps antérieur à Domitien ; mais que la forme
du gouvernement de la Ville avoit été changée
fous fon regne. J'ignore comment elle fut gouvernée dans la fuite. C'eft fur quoi il pourra

nous être fourni des éclaircissements par ceux qui entreprendront de donner l'Histoire des deux villes de *Corinthe*, par les médailles & par les inscriptions & autres anciens monuments. Peut-être trouveront-ils aussi la vraie signification des lettres SE. qui de la maniere dont elles sont placées sur les médailles en question, doivent désigner, soit un titre qui auroit été pris par la Ville, soit un attribut ou un surnom de Neptune. Je croirois que ces lettres pourroient bien être aussi le commencement d'un nom de Magistrat, s'il y avoit des exemples que les noms des *Duumvirs* eussent été partagés sur les deux faces de quelques-unes des autres médailles que l'on a de cette Colonie.

P A T R Æ in *Achaia.*

N°. 2.

LA médaille rapportée sous le N°. 2, qui représente d'un côté la tête de Jupiter couronnée de laurier, & de l'autre côté un foudre ailé au milieu d'une couronne de chêne, ne contient au-dessus du foudre que le monogramme Ⓐ au lieu de légende. Ce monogramme a été employé sur des médailles de plusieurs Villes, dont le nom commençoit, soit par AΠ, soit

par

par ΠΑ, ainfi que je l'ai marqué en parlant des
monogrammes, Suppl. II, pages 140 & fuivantes, N°⁵. 12, 56, 57 & 58. Ce n'eſt que par
les types & par la fabrique de celles où il ſe trouve, que l'on peut reconnoître à quelles Villes
elles appartiennent. Suivant ce principe, je crois
pouvoir attribuer ſûrement la préſente médaille
à la ville de *Patræ*, aujourd'hui *Patras* en Achaïe,
parce que non-ſeulement la tête de Jupiter eſt
repréſentée de même ſur pluſieurs de celles
qu'elle a fait frapper, tant impériales qu'autonomes ; mais encore parce que parmi celles de
cette ſeconde eſpece, il y en a qui n'ont pareillement que le monogramme pour marquer
ſon nom au milieu d'une couronne de chêne,
comme on le voit dans une entre autres que j'ai
donnée Tom. I, Pl. XVII, N°. 25. Ce qui ſin-
gulariſe d'ailleurs cette médaille, eſt la forme de
la couronne où il a plu au Graveur de figurer
les feuilles alongées & dentelées d'une maniere
particuliere & uniforme, & de les placer ſymmé-
triquement à égale diſtance les unes des autres, ainſi que les glands. Par - là on reconnoît
qu'anciennement les Artiſtes Grecs s'écartoient
quelquefois du naturel & des véritables formes, ce qui n'a été que trop pratiqué pendant

IV. Supplément.   F

Planche III. N°. 2.

un temps par les modernes, qui avoient adopté & même porté à l'excès ce mauvais goût, dont on est heureusement revenu en ce pays-ci présentement.

LEUCAS in Acarnania.

TOUTES les médailles qui font connoître par leurs types l'origine des Villes qui les ont fait frapper, méritent d'être remarquées. Telles font celles des Colonies Grecques, où l'on trouve des symboles particuliers des Villes métropoles qui avoient formé ces Colonies. Quand il n'auroit pas été dit par d'anciens Auteurs que la ville de *Leucade* en Acarnanie étoit une Colonie des Corinthiens, on le reconnoîtroit à quelques-unes de ses monnoies, où est représenté le cheval Pégase qui étoit un des symboles que la ville de *Corinthe* en Achaïe employoit le plus ordinairement fur les siennes. Mais outre les médailles connues de *Leucade*, qui ont pour type ce symbole, cette Ville a fait aussi frapper celle non publiée que je donne fous le N°. 3, fur laquelle on voit d'un côté Bellérophon monté fur Pégase, & de l'autre côté la Chimere représentée à l'ordinaire par un lion passant, qui a

fur le dos le col & la tête d'une chevre, & la
queue terminée par la tête d'un ferpent. Ces
deux types n'en font qu'un ordinairement fur
les médailles de *Corinthe*, où Bellérophon eft
figuré fur Pégafe combattant la Chimere. Par
ce double type de la préfente médaille, les Leu-
cadiens ont voulu apparemment montrer d'une
façon encore plus particuliere qu'ils étoient
originaires de *Corinthe*. Quant à l'Hiftoire de
Bellérophon, de Pégafe & de la Chimere, elle
eft fi connue qu'il feroit fuperflu d'en faire ici
mention.

L A C E D Æ M O N in *Laconica*.

On a beaucoup de médailles de *Lacédémone*,
qui repréfentent d'un côté la tête de Jupiter,
& de l'autre côté une maffue furmontée d'un
caducée, avec les lettres ΛΑ. qui font les premieres du nom de la Ville. Il s'en trouve très-
peu qui avec ces deux lettres contiennent des
noms de Magiftrats. Ceux qu'on y voit écrits,
foit en abrégé ou en entier, n'y font accompagnés d'aucun titre ; & l'on n'en avoit point
encore vu, que je fache, qui euffent été frappées au nom d'un Ephore, comme l'a été celle

PLANCHE
III.
N°. 4.

que je donne fous le N°. 4. Je ne fai fi ce font des Ephores ou d'autres Magiftrats, dont on trouve les fimples noms fans titre fur plufieurs autres médailles. La forme du Gouvernement de Lacédémone eft affez connue par l'Hiftoire. Je n'en dirai rien ici, finon que les Ephores avoient été inftitués pour modérer le pouvoir des deux Rois qui régnoient en même temps, & que conféquemment ils gouvernoient la République avec l'autorité fuprême que le peuple leur avoit attribuée.

THESSALONICA in Macedonia.

N°ˢ. 6. 7.

JE ne trouve point que jufqu'ici il ait été reconnu dans quelle Ville ont été frappées les deux médailles rapportées fous les N°ˢ. 6 & 7, dont l'une repréfente une tête de femme avec le feul nom de ΣΕΒΑΣΤΗ, & au revers un cheval, tenant dans la bouche une branche de palmier, & l'autre la tête & le nom de Néron, avec le même type de l'autre côté fans légende, de même que dans la médaille précédente. La

N°. 5.

premiere que je donne fous le N°. 5, femble montrer que les deux fuivantes font de la ville de *Theffalonique*, parce qu'elles font les unes &

les autres à peu-près de même forme & de
même fabrique ; & qu'on lit ΘΕΣΣΑΛΟΝΙΚ. fur
cette premiere médaille autour d'un cheval qui
tient pareillement une branche de palmier dans
la bouche, ce qui défigne des prix remportés
en des courfes de chevaux dans des jeux publics qui furent célébrés dans cette Ville. Mais
cela fuppofé, il reftera toujours incertain à
qui appartient la médaille du N°. 7, qui a pour
légende ΣΕΒΑΣΤΗ, & qu'on range communément parmi les médailles qui font attribuées à
Livie, quoique la tête qui y eft repréfentée ne
reffemble point à cette Impératrice. Il n'eft
pas moins difficile de juger quelle peut être la
tête de femme qui eft fur la médaille du N°. 5.
On reconnoît feulement qu'elle eft coëffée de
la même maniere que le font Antonia, les deux
Agrippine & Poppée fur plufieurs de leurs médailles. Mais ce qui eft encore plus inintelligi-
ble pour moi, c'eft le mot MAPKIΛ. qui eft au-
devant de cette tête de femme. Eft-ce le nom
de celle qui y eft repréfentée, ou eft-ce le nom
d'un Magiftrat, ou celui des jeux à l'occafion
defquels cette médaille a été frappée ? Il n'y
a point eu d'Impératrice ni de Princeffe des
familles impériales qui ayent porté ce nom. Les

P L A N C H E
III.
N°. 5.

Magistrats de *Thessalonique* ne faisoient point mettre le leur sur les monnoies de cette Ville, & je n'ai point vu dans les Auteurs anciens qui ont fait mention des différents jeux publics qui étoient célébrés en Grece, qu'il y en eût aucun appellé du nom de MAPKIΛ. S'il se trouve dans leurs écrits des traits auxquels ce nom puisse avoir rapport, ma mémoire ne me les rappelle point.

CHIO *Insula.*

IL y a peu de Villes Grecques qui ayent marqué le nom & la valeur de leurs monnoies sur celles qu'elles faisoient frapper. On a des médailles de Néron en argent, sur lesquelles on trouve le mot ΔPAXMH. sans que le nom de la Ville où elles ont été frappées, soit marqué. On en trouve aussi de Nerva & de Trajan en grand bronze, où la ville de *Rhode* a marqué la valeur qu'elles avoient par le mot ΔΙΔPAXMON. La ville de *Chio* est la seule dont les diverses especes de monnoies de bronze contiennent le plus souvent leur nom & leur valeur. J'en ai donné plusieurs P. III, Pl. CXIV, sur lesquelles on trouve écrit ACCAPIA TPIA, ACCAPIA ΔΥΩ, ACCAPION, ACCAPION HMICΥ, ΔΙΧΑΛΚON.

Sur une medaille frappée à Rhode en l'honneur de Marc Aurele et de Lucius Verus on trouve aussi le mot ΔΙΔPAXMON. L. I. pl. II. N°. 5.
J'ai aussi rapporté L. II. pl. IV. N°. 2. une medaille de la Ville d'Antioche laquelle Monnoie est appellée du nom de Chalcus qui s'y trouve ecrit par XAΛ.

J'en ai acquis depuis une autre avec le mot
ΟΒΟΛΟC. que je rapporte dans la préfente Planche fous le N°. 8. Cette Ville faifoit auffi marquer fur les poids le nom qu'ils portoient, comme on le voit par un de ces poids que j'ai bien
confervé, & fur lequel on lit ΔΥΩ. ΜΝΑΙ. derriere la figure d'un Sphynx, qui y eft repréfenté
de même à peu-près que fur les médailles. Je
me remets aux obfervations que M. le Comte
de Caylus a faites au fujet de ce poids qu'il a
publié dans fes Antiquités Grecques, Tom. II,
Pl. XLIX.

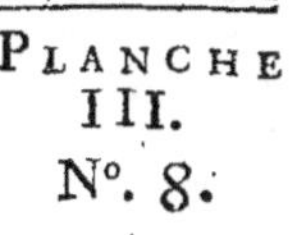

REMARQUES

SUR DES MÉDAILLES que l'Auteur avoit données, & qui depuis ont été publiées par d'autres avec des interprétations différentes.

JE finirai ce quatrieme Supplément, qui fera le dernier que je donnerai, par répondre à des queftions accompagnées de reproches qui me font faits de divers endroits fur ce qu'à l'exception de la médaille Punique, où j'avois pris pour des *Koph* des caracteres que M. l'Abbé Barthélemy a jugé être des *Aleph*, je n'ai rien dit au fujet des autres médailles de cette efpece que j'avois données, & qu'il a publiées de nouveau en *les interprétant* autrement que je ne l'avois fait. On me demande avec inftance fi j'adhere à fes interprétations, ou fi je perfifte dans les miennes, afin qu'on fache à quoi s'en tenir. Cette demande m'étonne autant que la réponfe m'embarraffe. Par rapport à moi, j'avoüe que la chofe m'eft tout-à-fait indifférente. Il n'y a pas d'homme affurément qui foit moins jaloux de fes opinions, que je le fuis des miennes. Je n'ai jamais prétendu m'ériger en Auteur. Tout le monde fait à préfent que ce n'eft que malgré moi que les premiers Recueils de mes Médailles ont
été

été imprimés, & que j'ai été excité enfuite à donner moi-même les autres médailles de ma Collection qui n'avoient pas été publiées, ou qui étoient peu connues. Mais puifqu'en me fommant de répondre à ces queftions on me croit obligé d'y fatisfaire, j'eftime devoir, avant tout, déclarer que j'ai paffé la meilleure partie de ma vie dans des occupations entiérement étrangeres à celles d'homme de lettres ; & que par conféquent je ne pourrois, fans témérité, prétendre avoir autant de connoiffances dans la Numifmatique, que ceux qui par état & par devoir en ont fait depuis long-temps une étude conftante & journaliere. Il eft vrai qu'en fortant des claffes de Philofophie, j'appris dans une des premieres années de ce fiecle un peu d'Hébreu, de Syriaque & d'Arabe fous MM. Pinfonnat, Henrion & Petis de la Croix, Profeffeurs en ces Langues au College Royal. Je fus employé enfuite dans la Marine. Les diverfes places que j'y ai occupées pendant quarante ans confécutifs, tant dans les Ports, qu'à la Cour auprès des Miniftres, ne me laifferent pas le loifir de fuivre l'étude de ces Langues, & j'oubliai bientôt les leçons que j'en avois reçues. Arrivé à l'âge de foixante ans, il me furvint des maladies rudes & opiniâtres, qui m'obligerent à prendre le parti de la retraite. Pour

m'y former un amufement & faire diverfion aux
fouffrances que me cauferent, pendant plufieurs années, les infirmités qui étoient une fuite de ces maladies, je m'occupai à examiner & à arranger quelques médailles que j'avois déja acquifes par curiofité &
par goût pour les monuments antiques ; mais ayant
trouvé en d'autres emplettes que je fis en ce genre,
des médailles Samaritaines & Phœniciennes, je me
rappellai alors les idées confufes que j'avois confervées de mes anciennes études, & je me contentai de
tâcher d'en lire les légendes ; après quoi j'en fis une
efpece de Catalogue avec quelques remarques, que
des lectures & des recherches me donnerent occafion
d'y ajouter. Voilà l'origine & le fondement de tout
ce qui fe trouve dans mes Recueils, tant fur les médailles Phœniciennes & autres exotiques, que fur les
médailles Grecques & Latines. De-là chacun peut
comprendre aifément que je n'ai point eu certainement
la préfomption de donner mes remarques & mes explications comme des décifions. Je ne les ai données en
effet que pour des conjectures, en les foumettant au jugement des Savants. Il a plu à M. l'Abbé Barthélemy,[a]
que je mets de leur nombre à jufte titre, d'en rejetter plufieurs,[b] & d'y fubftituer d'autres interprétations. Je n'ai eu garde de m'en plaindre, ni de lui

Mot. de M. BARTHELEMY.

(a) Ce n'étoit pas un deffein
prémédité ; j'y étois forcé
par la nature de mes recherches
(b) C'est-à-dire un ou deux.

en favoir mauvais gré. Je reconnois que fes lumieres font infiniment fupérieures aux miennes, comme je l'ai déja dit plufieurs fois, & je ne cefferai point de lui rendre fur cela toute la juftice qui lui eft dûe. Nous nous voyons, fans que nos diverfes opinions, en matiere Numifmatique, caufent entre nous des altercations, ni empêchent que nous ne foyons toujours amis. Il feroit à fouhaiter, pour l'honneur des Lettres, que M. Swinton eût ufé de plus d'équité & de modération dans les ouvrages où il attaque M. l'Abbé B. qui a répondu à fes objections critiques de la façon la plus décente & la plus convenable, dans une Lettre adreffée à M. le Marquis Olivieri, dont l'impreffion a paru au mois de Décembre dernier. La bonne foi & l'honnêteté devroient être l'apanage particulier de tous les vrais Savants, qui, en cette qualité, font faits pour donner l'exemple à tous les autres Ecrivains. Je reviens à ce qui me regarde relativement à M. l'Abbé Barthélemy. Je ne puis que me louer de la complaifance qu'il a eue de me montrer, avec fa politeffe ordinaire, plufieurs médailles du Cabinet du Roi que j'avois befoin de voir. Je ne lui ai point diffimulé ce que j'en penfois après les avoir vues. J'en ai ufé de même en lui montrant les miennes, & en lui prêtant très-volontiers

G ij

celles qu'il m'a demandé à emprunter, fans qu'il m'ait dit l'ufage qu'il en vouloit faire. Lorfque j'ai vu enfuite qu'il en avoit fait graver plufieurs que j'a-vois déja données, & qu'il les avoit lues & interprétées d'une autre maniere que je ne l'avois fait, j'ai penfé qu'il n'avoit eu d'autre intention en cela, que de répandre fur des objets obfcurs & difficiles à éclair-cir, des lumieres qui me manquoient; & je conviens, fans adhérer cependant à toutes fes interprétations, que dans le nombre il y en a qui font judicieufes, & qu'en général il a avancé de fa part les progrès de ce genre de Littérature. Quand il n'auroit donné que l'explication des Infcriptions trouvées à Palmyre & à Malte, que tant de Savants avoient tenté vainement d'interpréter, les Lettres lui auroient obligation du fuccès de fon travail à cet égard. Mais tout le monde ne penfe pas de même touchant fes autres Ouvrages. Le fort des meilleurs Auteurs eft d'être expofés à la critique, & il fe trouve d'autres Swintons chez nous comme ailleurs[a], qui non-feulement m'impofent l'o-bligation de défendre les explications que j'ai don-nées, fi je n'acquiefce pas aux fiennes, mais qui vont beaucoup plus loin ; car ils lui imputent d'avoir varié trop fréquemment dans la valeur qu'il attribue à divers caracteres Phœniciens & Puniques, & dans

Note de Mr Barthelemy.

(a) ne croiroit on pas que nous avons une foule de gens qui s'occupent de cette Litterature.

la signification des mots qui en sont composés. Il y en a même qui trouvent étrange, qu'après avoir dit dans sa Dissertation lue à l'Académie dès l'année 1758, que les interprétations qu'il présentoit alors, étoient le produit d'un travail obstiné de plusieurs années[a], il ait continué jusqu'à aujourd'hui à ne gueres donner autre chose que des problêmes[b] accompagnés de doutes, d'incertitudes & de suppositions, en disant sur chaque médaille, si ce caractere a telle ou telle valeur, si celui-là en a une autre, la légende pourra être lue de telle & telle maniere ; & la médaille sera, soit de telle ou telle Ville, soit de tel ou tel Roi. Dans un endroit on peut lire, selon lui, de deux ou trois manieres les légendes de quelques médailles, & conséquemment les attribuer à deux ou trois Villes différentes. Dans un autre endroit, le changement de valeur dans les lettres qui forment une légende, ne change rien à l'explication qu'il en avoit donnée. Tantôt ce sont des caracteres auxquels il attribue des valeurs qui lui sont fortement contestées. Tantôt ce sont d'autres caracteres auxquels il donne de nouvelles valeurs, après leur en avoir attribué d'autres auparavant. Ici, c'est la valeur des lettres d'une légende qui marque précisément le nom de la Ville qui a fait frapper la médaille. Là, c'est le nom

Note de Mr. Barthélemy.

(a). je ne trouve pas ce raisonnement juste. ma dissertation de 1758 peut être le fruit d'un travail de plusieurs années, sans qu'il soit étrange, que depuis je n'aye donné que des problèmes.

(b) L'explication de l'inscrip. d'Oxford rectifiée d'après une meilleure copie, — L'explication de l'inscription de Carpentras, l'explication des méd. d'Diospolis &c ne sont pas certainement des problèmes accompagnés de suppositions.

(c) Toute cette tirade est d'une injustice extrème. dans ma deuxieme lettre au journ. des sav. je proposai quelques doutes au sujet de quelques medailles Pheniciennes. j'avertis que je les donnois comme des doutes; je les crus utiles, parce qu'ils pouvoient — accelerer les progrès de cette litterature; dans ma lettre à Mr Olivieri, je voulus citer un exemple des difficultés que l'on rencontre dans l'explication des medailles puniques, et montrer combien une seule lettre peut jetter de — varieté dans la lecon d'une — legende punique; qui croiroit qu'on eut pû me faire un reproche d'avoir dans des matières si obscures, proposé quelque doute; et montrer les écueils que l'on doit éviter.

du Roi, ou des Rois auxquels il imagine qu'une médaille peut appartenir, qui doit déterminer la valeur
des caracteres qui en compofent la légende. De toutes
ces ambiguités & variations il réfulte, ajoute-t-on,
qu'en les lifant on trouve que c'eft fouvent l'*obfcurum*
rendu par l'*obfcurius* ; & qu'après cette lecture on
n'eft guere plus inftruit qu'on ne l'étoit auparavant.
Je répondrois bien à la plupart de ces vaines imputations,(a) fi M. l'Abbé B. ne les avoit pas prévues &
combattues par avance, en marquant, comme il a
fait, combien il eft difficile de marcher d'un pied
ferme dans l'obfcurité profonde qui couvre les médailles & autres monuments dont il s'agit. Je ne
pourrois d'ailleurs qu'affoiblir tout ce qu'il en dit
dans fes Differtations & dans fes Lettres imprimées,
auxquelles je renvoye. Je me réferve néanmoins à rappeller dans la fuite quelques-unes de ces objections,
lorfque la matiere m'y raménera.

Pour parler à préfent des médailles qu'il a lues &
expliquées autrement que je ne l'avois fait, il me
faut expofer préalablement quelques points dont je
me fuis fait une regle pour reconnoître & diftinguer celles qui font Phœniciennes, de celles qui
font Puniques & Numidiques, & pour les référer
aux Peuples ou aux Villes qui les ont fait fabriquer.

1°. Je ne reconnois pour médailles vraiment Phœniciennes, que celles qui font reconnues pour avoir été frappées en Phœnicie. On peut appeller, fi l'on veut, médailles Phœniciennes étrangeres, ou exotiques, celles qui ont été fabriquées par des Phœniciens, foit en Chypre, foit en quelques Villes d'Efpagne, ou en d'autres Colonies de ces Peuples, qui, s'y trouvant mêlés avec d'autres peuples de ces divers Pays, étoient fujets à emprunter d'eux des mots & des caracteres qui n'étoient point d'ufage en Phœnicie.

2°. Perfonne n'ignore que les Carthaginois étoient originairement des Phœniciens qui avoient porté leur langue & leur écriture en Afrique, & que leur établiffement à *Carthage* étoit antérieur à la fondation de la ville de *Rome*. Par fucceffion de temps non-feulement ils varierent la figure de plufieurs lettres Phœniciennes, en confervant néanmoins dans la plupart les principaux traits de leur forme primitive, mais leur fréquentation avec les peuples Africains introduifit dans leur langue & dans leur écriture des mots & des caracteres qui étoient propres à ces Peuples; d'où il s'en eft enfuivi qu'ils ont employé fur des médailles ou monnoies Puniques, des caracteres qu'on ne voit fur aucune des médailles de Phœnicie, ainfi que des mots, foit noms de Villes ou autres, qu'on ne peut interpréter, parce qu'ils font vraifemblablement de l'ancienne langue Africaine, dont il ne nous eft refté aucune connoiffance. Auffi eft-ce en vain que l'étymologie & la fignification de plufieurs de ces mots ont été cherchés dans les langues Hébraïques & Syriaques, par des Savants les plus verfés dans ces langues. Des Auteurs anciens, & S. Jérôme, entre autres, reconnoiffoient qu'il y avoit de la différence entre la langue Punique & la langue Phœnicienne.

3°. Je doute fort que la République de *Carthage* ait laiffé aux Villes qui étoient fous fa domination en Afrique, la liberté de faire battre des monnoies en leur nom, & j'ai lieu de croire qu'elle en ufoit en cela comme la République Romaine, & comme en ufent actuellement les Républiques exiftantes, ainfi que tous les autres Souverains. S'il fe trouve quelques médailles qui ayent été frappées avec des caracteres Puniques dans des Villes d'Afrique, elles l'ont été vraifemblablement dans un temps où Carthage ne fubfiftoit plus, & où la langue Latine n'avoit pas encore banni de ces Villes la langue Punique. Mais cette République avoit permis à fes Colonies d'en fabriquer en bronze pour leur ufage particulier, &

je

je comprends, parmi ſes Colonies, les Iſles qu'elle poſſédoit dans la Méditerranée. On a effectivement des médailles Puniques de quelques villes de Sicile, de l'Iſle de *Coſſyre* & de celle du *Goʒe*. Si l'on n'en a pas encore vu qui ſoient véritablement de l'Iſle de *Malte* en cette langue, on en eſt dédommagé par l'Inſcription précieuſe qui y a été trouvée. Mais c'eſt improprement qu'on lui a donné le nom d'*Inſcription Phœnicienne.* Elle y a été écrite en la langue Punique qu'on y parloit; & ce qui le prouve, c'eſt que pluſieurs des caracteres qu'elle contient, n'ont jamais été vus ſur des médailles de Phœnicie; & que la valeur de quelques-uns de ces caracteres, qui ſe trouvent pareillement ſur des médailles Puniques, eſt même encore conteſtée.

4°. Par rapport aux médailles d'or & d'argent, qui ont des légendes en ces ſortes de caracteres, il y a tout lieu de juger que celles d'or ſont de la ville de *Carthage*; & que celles d'argent ont été fabriquées, les unes dans cette même Ville, & les autres en diverſes villes de Sicile, qui avoient été poſſédées par les Carthaginois. Il n'eſt pas à ſuppoſer qu'il eût été permis à aucune ville d'Afrique, dépendante de Carthage, d'en fabriquer en ce métal, les Républiques s'étant toujours réſervé la fabrication des mon-

IV. SUPPLÉMENT.   H

noies, fur-tout de celles d'or & d'argent, comme
un droit attaché à la puiſſance fuprême. C'eſt par
cette raiſon qu'au commencement de l'Empire Romain les Empereurs s'approprierent ce droit, & ne
laiſſerent au Sénat de Rome que la fabrication des
monnoies de bronze. Les Villes libres qui ſe gouvernoient par leurs propres loix, ſans dépendre d'aucune autre puiſſance, faiſoient auſſi battre des monnoies en tous métaux ; & s'il y a eu des Villes de
Sicile qui ayent fait fabriquer des médailles d'argent
avec leur nom en langue Punique, c'eſt que ces
Villes qui étoient libres avant que d'avoir été poſſédées par les Carthaginois, avoient obtenu en ſe ſou-
mettant à eux que leurs privileges leur ſeroient con-
ſervés ; ce qui vraiſemblablement leur étoit accordé
facilement par les Généraux Carthaginois, afin d'engager par - là les autres Villes à ſe ſoumettre avec
moins de difficulté. Ils étoient ſans doute autoriſés
en cela par la République, qui pouvoit leur avoir
permis auſſi de faire battre des monnoies dans les
villes de Sicile, pour le beſoin des armées qu'ils
commandoient. Je reparlerai dans la ſuite de ces médailles Puniques en argent, qui ſont de fabrique Si-
cilienne.

5°. Il y en a d'une autre ſorte que j'appelle *Mé-*

dailles Numidiques, parce que les caracteres des légendes qu'elles contiennent fe trouvent particuliérement fur des médailles de Juba le pere, Roi de Numidie ; & que ces caracteres, qui different totalement par leur forme des caracteres Phœniciens, étoient propres aux peuples Africains qui parloient une autre langue que celle des Carthaginois. Si cette langue ne s'étendoit pas dans toute l'Afrique, depuis l'Egypte ou la Cyrénaïque jufqu'en Mauritanie, on ne peut douter qu'elle ne régnât au moins dans la contrée qui fut occupée par les Carthaginois, puifque l'on trouve fur des médailles Puniques plufieurs de ces caracteres Africains ; ce qui dénote qu'il s'étoit fait pareillement un mélange de la langue Africaine, avec celle que les premiers habitants de Carthage avoient apportée de Phœnicie, mélange qui rend extrêmement difficile l'intelligence des légendes qui font compofées en partie de ces caracteres, tant parce que la valeur de la plupart n'eft pas connue, que parce qu'on n'a pas non plus connoiffance de l'ancienne langue Africaine, dont je ne trouve point qu'il refte d'autre monument que les médailles de Juba le pere, où l'on juge que fon nom, qui eft écrit en Latin fur un côté, eft auffi écrit en langue Numidique de l'autre côté par cinq lettres,

H ij

dont on prétend avoir par-là découvert la valeur. Sur ce fondement, tout foible qu'il eſt, on a cru pouvoir expliquer d'autres médailles où il ſe trouve de ſemblables caraĉteres. J'en ai rapporté pluſieurs de cette eſpece, P. III, Pl. cxx & cxxi, & je me remets à ce que j'en ai dit pages 144 & ſuivantes.

Mais ſur ce que M. l'Abbé B. a eſtimé que j'avois mal lu, ou mal expliqué quelques-unes de ces médailles, je me flatte qu'il ne trouvera pas mauvais que je rompe le ſilence qu'on me reproche d'avoir gardé juſqu'à préſent, comme ſi j'adhérois à ſes corrections, & avouois par mon ſilence de m'être trompé. J'obſerve d'abord que puiſqu'il avoit intention de relever les fautes qu'il croyoit que j'avois faites[a] il auroit pu en trouver de plus réelles dans mes Recueils qui n'en ſont pas exempts[b], & je ne ſais pourquoi il s'eſt attaché par préférence aux médailles en queſtion, plutôt qu'à beaucoup d'autres qui auroient mieux mérité ſes animadverſions. Je confeſſe qu'en général elles m'avoient peu touché, & que je n'avois point penſé à y répliquer, quoique je les trouvaſſe mal fondées pour la plupart. On m'a fait même appercevoir quelques-unes de ſes corrections auxquelles je n'avois fait aucune attention. Des gens plus clairvoyants & plus ſcrupuleux ſe ſont appli-

note de Mr Barthelemy.

(a) Je n'ai jamais eu cette intention.

(b) C'est en effet ce qui prouve nettement que je ne voulois pas l'attaquer.

qués à les remarquer, & à m'indiquer par ordre toutes celles qui me regardent dans les Ouvrages qui ont paru de lui en 1760, 1763, 1764 & 1766. (a)

Les premieres médailles qu'ils me citent, font celles d'or & d'argent d'Alexandre le Grand qu'il a rapportées dans fa Lettre de 1760, adreffée aux Auteurs du Journal des Savants, & fur lefquelles on voit des caraćteres Phœniciens. Ils me demandent fi c'eft lui qui a découvert, ou moi, la fignification de ces Lettres Phœniciennes, parce qu'il n'en eft rien dit dans le Recueil de mes médailles de Rois, où ces mêmes médailles font auffi rapportées. Il eft vrai que je m'étois contenté de noter fur mon Catalogue que je les avois fait deffiner avant que je les lui euffe indiquées, & que je m'en remettois à fes obfervations ; ce qui eft une preuve que ces notes n'étoient faites que pour moi, & non pas pour être imprimées comme elles l'ont été dans le premier Recueil, à l'impreffion duquel je n'ai point eu de part. Le fait eft qu'ayant rencontré un jour M. l'Ab. B. à la promenade, & la converfation étant tombée fur les médailles d'Alexandre, qui paroiffent avoir été frappées depuis fa mort, je lui dis que j'en avois une en or, & d'autres en argent avec des caraćteres Phœniciens ; favoir un *Aïn* & un *Caph*, qui faifoient connoître qu'elles avoient été fabriquées dans la ville d'*Ace* ou *Aco*, aujourd'hui *Acre*; & j'ajoutai même, autant que je puis m'en souvenir, (ce que ni lui, ni moi n'avons remarqué par écrit) que je trouvois cette interprétation d'autant plus sûre, que le nom de cette Ville est écrit dans le premier Chapitre des Juges par deux semblables lettres Hébraïques, savoir עכ. Il me dit alors qu'il croyoit qu'il y avoit dans le Cabinet du Roi une médaille d'Alexandre en or, semblable à celle dont je lui parlois.[a] Il la publia tout de suite dans sa Lettre de 1760; mais je ne puis me plaindre qu'il m'ait en cela prévenu, comme il semble qu'on l'a pensé, parce que je ne lui témoignai point que j'eusse intention de la publier; & je n'y songeois pas en effet, quoique je l'eusse fait dessiner. C'est à tort qu'on l'a soupçonné d'avoir voulu s'attribuer la découverte du nom de la Ville sur cette médaille & sur celles d'argent, puisqu'il fait assez entendre dans sa Lettre ce que je lui en avois dit.

Dans la même Lettre de 1760, il rapporte deux autres médailles Phœniciennes de la ville de *Marathus*, où le nom de cette ville est écrit par quatre lettres majuscules qui sont un *Mem*, un *Resch*, un *Thau* & un *Aïn*. J'en ai rapporté de ma part, P. II, Pl. LXXX, cinq de la même Ville avec de pareilles

[a] je n'entends pas ce que l'auteur veut dire. voicy ce que j'ay dit dans ma 1ere lettre à Mess. des journal des savans au mois d'aoust 1760

"M. Pellerin m'a communiqué "quelques medailles d'Alexandre "le grand, sur lesquelles il a "trouvé des caracteres inconnus "que[s] Pheniciens et le nom "de la ville d'acca. celle que "j'ay fait graver sous le n° "V est en or et represente &c

je n'en pouvois pas dire davantage: les deux caracteres qui designent la ville d'acca étoient alors connus; l'Ain étoit de tout le monde, et le caph étoit determiné par les medailles de Laodicée que je publiois. ainsi je ne pouvois pas etre enthousiasmé d'une pareille decouverte. j'avois avec lui verifié toute justice, en disant qu'il avoit trouvé le nom d'acca sur les medailles il y a près de 30 ans que cela soit passé. il fait entendre que je publiai la medaille sans l'en avoir prévenu. je ne puis pas me rappeler cette circonstance. c'auroit été une impolitesse, si c'avoit été la sienne; mais je fis graver celle dont je lui avois parlé et qui étoit au cabinet du Roi, et j'eus soin d'avertir qu'il en avoit eu les legendes. tout ce que je puis ajouter à cette note, c'est que je n'ay jamais eu les moindre envie de m'approprier les idées des auteurs et surtout celles de M. Pellerin sur les lettres Pheniciennes.

lettres, fur deux defquelles l'*Aïn* eft formé avec une queue de la même maniere à peu-près que fur une des deux de M. l'Ab. B.[a] Il a jugé que cette quatrieme lettre eft un *Beth* figuré d'un fens contraire ; qu'elle ne fait point partie du nom de la Ville qui dans cette médaille eft écrit feulement *Marath*, à la différence de l'autre où on lit *Maratha*[+], & qu'elle devoit fe joindre *peut-être* avec une autre petite lettre curfive qui eft dans le champ ~~du revers~~[‡], pour défigner le mois où la médaille avoit été frappée. Cette interprétation a donné beau jeu à la critique. Elle s'eft exercée en effet fur le fens qu'elle préfente, & même fur plufieurs des mots qu'elle contient, fans épargner les qualifications de puérile, d'abfurde & de ridicule. Je n'approuve point affurément de femblables expreffions qui devroient être bannies de toutes difputes[b] ; mais je ne difconviens point que M. l'Ab. B. s'eft un peu oublié en cette occafion. Il n'eft pas concevable qu'il ait pu imaginer que la quatrieme lettre majufcule, qui fait partie intégrante du nom Phœnicien de la ville de *Marathus*, pût en être détachée pour être jointe à une petite lettre ifolée qui eft ~~au revers~~ *dans le champ*[‖] de la médaille. A-t-on jamais vu que pour former un mot de deux caracteres, on en ait mis un après trois autres fur ~~la premiere face~~ *le côté* d'une médaille, & un autre feul fur

Note de Mr. Barthélemy.

(a) non sans doute on ne l'a jamais vu; aussi ne l'ai-je jamais dit. les médailles de Marathus ne contiennent des Caractères que d'un côté; je n'ai donc pu associer les caractères d'un côté avec ceux d'un autre. mais en m'occupant uniquement d'un revers de la médaille j'ai dit. (1ere lettre au journal des savans p. 7) le Beth qui vient après ce nom doit se joindre peut être avec le Thau qui est de l'autre côté aux pieds de la figure pour désigner le mois ou l'on frappa la médaille. ces mots de l'autre côté ont produit l'erreur. on a cru que je parlois de l'autre côté de la médaille; mais il s'agissoit de l'autre côté du champ, et cela est clair, puisque j'ajoutois auprès de la figure; car de l'autre côté de la médaille il n'y a ni lettre ni figures.

+ Voir ce que j'en dis encore dans ma première lettre imprimée en 1768 et 1770.

Voir ce que j'ai ajouté sur ce caractère dans ma première lettre imprimée.

~~l'autre face~~ *dans le champ* (a)? Cette supposition, qui n'a point d'exemple, est, à vrai dire, destituée de toute vraisemblance. Quant à la forme de l'*Aïn* qui a, dit-il, celle d'un *Beth* figuré de sens contraire à cause de sa queue, je me remets à ce que j'ai observé, P. II, page 202, sur l'origine de cette queue, ainsi que sur la prononciation en Phœnicien du nom de la Ville en question : j'ajouterai seulement ici que l'*Aïn* Phœnicien est figuré de plusieurs manieres dans tous les Alphabets, ainsi que sur les médailles. Sans en citer d'autres que celles de *Marathus* qui sont en grand nombre, on l'y trouve tantôt d'une forme toute ronde, tantôt figuré comme un D renversé, + souvent d'une forme triangulaire tourné en tout sens ; & enfin avec des queues plus ou moins longues, plus ou moins contournées, de sorte qu'il ressemble quelquefois à un *Beth*. Peut-on ne pas reconnoître que cette espece de queue a pour prototype celle de l'*Aïn* Hébraïque, # & que dans les médailles en question le quatrieme caractere figuré de toutes ces façons, doit avoir nécessairement la même valeur ? C'est un malheur pour nous que d'être souvent trop attachés à nos préjugés. Delà M. Swinton est tombé de son côté dans une erreur sur l'explication de ces médailles, que M. l'Ab. B. lui reproche avec raison dans sa Lettre de 1766, mais

sans

fans fe défifter lui-même de fon opinion qui n'eft pas mieux fondée.

Les remarques qui m'ont été communiquées fur les médailles Phœniciennes & Puniques, qu'il a publiées dans fa Lettre du mois de Novembre 1763, regardent en particulier ; 1°, celle de la ville de *Béryte* en caracteres Phœniciens ; 2°, la médaille Punique qu'il a eftimé pouvoir être de la ville d'*Oea* ; 3°, celle fur laquelle il a pris pour des *Aleph* d'une nouvelle forme les caracteres que je fuis revenu à réputer pour des *Koph* ; 4°, les médailles qu'il a attribuées à Bocchus ou à Bogud, Rois de Mauritanie. Je vais faire mention de ces diverfes médailles, en fuivant la marche qu'il a tenue dans fa Lettre.

Vous avez, me dit-on, donné la médaille de la ville de *Béryte*, Pl. LXXXI, N°. 8, fans former aucune difficulté fur la légende qui contient le nom de cette Ville en caracteres Phœniciens, mais feulement fur les lettres Grecques ΛΑΦ. qui y font à l'oppofite de la légende ; & ne fachant pas ce que ces lettres Grecques fignifient, vous avez invité ceux qui pourroient le découvrir à en donner l'explication. Après cela, qui ne fe feroit pas attendu à les voir expliquées par M. l'Ab. B. dans fa Lettre de 1763 [a], où il rapporte cette même médaille de votre Cabinet ?

IV. Supplément. I

Point du tout, il n'en dit pas un feul mot. Il s'y attache feulement à marquer la valeur des caracteres de
la légende Phœnicienne, comme fi vous ne les aviez
pas connus quand vous avez donné cette médaille
pour être de la ville de *Béryte*. Il dit que le troifieme
caractere eft un *Heth*, & dans fa Lettre du mois de
Décembre 1766, il fe rétracte en y marquant dans
une apoftille, qu'il a trouvé ce même caractere fur
d'autres monuments avec la valeur d'un *Hé*, mais
que cela ne change rien à fon explication de la médaille en queftion. Sur quoi on demande comment il
a pu penfer qu'un *Hé* avoit eu dans un mot la même
valeur qu'un *Heth*, & n'en avoit pas changé la prononciation [a]; & comment il entend avoir expliqué
cette médaille, tandis qu'il n'a donné que des va-
cillations & des doutes dans tout le refte de fa prétendue interprétation. Il eft vrai pourtant, ajoute-
t-on, qu'il convient d'abord que de quelque façon
qu'on life la légende, on aura toujours le nom de
Béryte ; mais il finit par en douter, en fuppofant
qu'elle peut être lue autrement. Selon lui, le nom
de cette Ville étant écrit avec un T en Grec & en
Latin, la derniere lettre Phœnicienne devroit être
un *Teth*, & cependant elle a par fa forme quelques
rapports avec le *Thau* qui feroit plus propre à ter-

note de Mr Barthelemy.
(a) nous ne favons pas comment
s'écrivoit le nom de Beryte en
Phenicien. mais il eft certain
qu'il a pu s'écrire par un He
ou par un Heth; & je m'en
rapporte à ceux qui ont la
moindre teinture des langues
orientales.

miner le nom de la Ville. Il obferve que les Arabes,
qui ont prefque toujours confervé l'ancienne ortho-
graphe des noms d'hommes & de lieux, lifent *Birut*
en fubftituant un *Iod* au *Heth*; & que de-là il devroit
s'enfuivre que dans quelques occafions ils avoient
adopté la prononciation des Grecs qui ont aufli prononcé BIPϒ au lieu de BHPϒ, comme il paroît par
la médaille que vous avez donnée P. II, Pl. LXXXI.
Enfin fur ce qui a été rapporté par Eftienne de Byzance, que le nom de *Béryte* vient d'un mot Phœnicien qui fignifie un *puits*, & par d'autres Auteurs,
qu'il dérive d'un mot qui défigne *la force*, il met en
queftion s'il faut rejetter l'autorité de ces Ecrivains
pour les étymologies qu'ils donnent, lefquelles ne
peuvent s'accorder avec la leçon que préfente la médaille, ou s'il faut lire autrement la légende Phœnicienne dont il avoit fait l'analyfe. Il conclud par
dire que c'eft ce qu'il ignore. Pour moi, fans adhérer
ni répondre aux remarques critiques, ni à toutes les
demandes que l'on me fait à ce fujet, je dirai d'a-
bord que je n'ai pas plus de goût pour les difcuffions
grammaticales, que n'en ont la plupart des Lecteurs;
qu'il y en a cependant qui font néceffaires pour l'intelligence des matieres que l'on traite, & que pour
ceux qui aiment à s'inftruire, elles font utiles quand

I ij

elles font effectivement instructives ; mais qu'à la vérité je trouve que celles ci-devant alléguées , au lieu d'éclaircir & de lever les difficultés , s'il y en avoit, ne tendent qu'à former des incertitudes & des doutes fans néceffité. Je ne vois pas que pour conftater la lecture de la légende dont il s'agit, il fût befoin d'avoir égard, ni aux étymologies diverses du nom de la Ville, ni à celui de *Birut* qui lui a été donné par des Arabes, & quelquefois par des Grecs. M. l'Ab. B. a omis de faire auffi mention qu'elle eft appellée plus communément *Baruth* dans le Pays, comme il eft marqué dans les Relations de Thévenot & des autres voyageurs. Il y auroit vu par ce nom qu'il a auffi été prononcé avec un *Thau*. Mais il n'y a rien de furprenant dans la prononciation variée du nom de cette Ville. Ces fortes de variations provenoient pour l'ordinaire du défaut de voyelles dans l'écriture en langue Phœnicienne, ainfi que dans les autres langues Orientales. Il falloit fuppléer néceffairement des voyelles aux mots qui n'étoient compofés que de confonnes, pour pouvoir les lire & les prononcer. Dans les noms propres fur-tout, les Etrangers fuppléoient arbitrairement les unes & les autres ; & l'on fait d'ailleurs que les Grecs étoient dans l'ufage de permuter affez fouvent des lettres, & particuliérement des voyelles

DES MÉDAILLES. 69

dans beaucoup de mots, comme je l'ai déja marqué
plufieurs fois. Ce font-là les caufes de ce que les noms
propres Orientaux fe trouvent écrits fi diverfement
dans les Auteurs Grecs & Latins. Mais il me faut venir
à ce qui me regarde plus directement. [a] Quand j'ai donné la médaille dont il s'agit, fi je n'ai point parlé
des caractères dont la légende eft compofée, c'eft
que d'une part, vu la grande quantité que j'en rapportois à la fois, je m'étois borné à ne les accom-
pagner que de fimples notes que j'avois mifes fur mes
Catalogues, & que d'autre part je n'avois pas penfé
que la valeur de ces caractères pût fouffrir des difficultés. Après le *Lamed*, Article qui fe trouve fur
cette médaille de même que fur plufieurs de *Tyr* &
de *Sidon*, je lus les trois lettres fuivantes comme fi
elles avoient été écrites par BHP. en Grec, & je
n'imaginai pas que la lettre H pût y avoir une valeur
différente de l'*Eta* auquel elle reffemble parfaitement.
La derniere me parut être auffi un *Thau*, tel qu'on
en voit qui ont la même forme dans l'Ecriture Samaritaine, d'où l'on fait que les Phœniciens avoient pris
plufieurs de leurs caractères, comme ils en ont pris
auffi quelques autres de l'écriture Hébraïque. Ainfi il
ne m'étoit venu aucun doute fur la valeur de ces diverfes lettres, & dans la confiance où j'étois à cet

égard, je n'avois pas même pris garde que mon Deſſinateur avoit mal figuré le *Beth* dans le deſſein de la
médaille, qui a été donné plus correct par M. l'Ab.
B. J'avois cependant remarqué que le caractere H
dans la légende étoit une ſingularité, ne l'ayant vu
juſqu'alors ſur aucune autre médaille Phœnicienne ; &
je m'étois propoſé en même temps de faire des recherches ſur l'origine de ce caractere, dont l'uſage
eſt auſſi inconnu dans l'écriture des Phœniciens, qu'il
eſt commun dans celle des Grecs, tant pour marque
d'aſpiration, que pour voyelle. Il y auroit beaucoup
de choſes à dire ſur ce ſujet ; mais pour ne pas trop
étendre cet Article, qu'on trouvera peut-être déja
trop long, je réduirai le tout à la queſtion de ſavoir
ſi c'eſt des Phœniciens que les Grecs ont reçu le caractere H, ou ſi c'eſt des Grecs qu'il a été emprunté
pour le mettre ſur cette médaille. Suivant tout ce que
les Auteurs anciens & modernes ont écrit ſouvent &
longuement touchant les premieres lettres alphabé-
tiques qui furent portées par Cadmus de Phœnicie
en Grece, dans le nombre de ſeize en quoi elles
conſiſtoient, ce caractere n'étoit pas compris. Ce
ne fut que bien des ſiecles après que les Grecs l'ad-
mirent dans leur Alphabeth comme voyelle, ſous le
nom d'*Eta*, avec d'autres lettres qui leur manquoient.

Ils l'avoient cependant employé auparavant dans leur écriture pour marque d'aspiration, en le mettant avant les lettres auxquelles ils donnoient un son âpre dans la prononciation. C'est sur ce pied-là qu'il est employé dans des Manuscrits, dans des Inscriptions & sur des Médailles, où l'on trouve les noms HIKE, HIΣMEN, HIMEPA. & autres mots écrits avec cette marque d'aspiration. Après qu'ils en eurent fait une voyelle qui avoit la valeur d'un E ouvert, ils ne mirent plus que la moitié de ce caractere devant les lettres qui devoient être prononcées d'une façon rude & aspirée, ainsi que je l'ai déjà marqué Sup. III, page 80. Il n'y a pas lieu de penser qu'ils l'ayent reçu des Phœniciens en aucune maniere, puisqu'il n'étoit point compris dans l'Alphabet de Cadmus ; & qu'on ne l'a jamais vu sur aucun monument de Phœnicie, ni sur aucune médaille Phœnicienne, si ce n'est sur celle de *Béryte* en question. Pour découvrir comment on a pu l'y employer, il faut considérer en quel temps elle a été frappée. Ce ne peut être que sous le regne des Rois Séleucides, lorsque les Grecs vinrent de tous côtés occuper la Syrie sous leur domination. Ils s'y établirent particuliérement dans les Villes maritimes ; & s'y mêlant avec les anciens habitants, ils y introduisirent bientôt leur Langue, de

forte que ces Villes firent battre alors des monnoies, dont les légendes étoient en partie Phœniciennes & en partie Grecques. C'est ce que j'ai aussi remarqué déja en parlant des médailles des villes de *Tyr* & de *Sidon*, où leur nom est écrit en ces deux Langues. Ensuite les Grecs y étant devenus dominants, elles n'en firent plus frapper qu'en langue Grecque, jusqu'au temps où elles furent faites Colonies Romaines. La ville de *Béryte* en usa à peu-près de même, comme on le voit par la médaille où son nom écrit en Phœnicien, est accompagné des lettres Grecques ΛΑΦ, dont la signification n'a pas encore été découverte. Pour fabriquer ces fortes de médailles, on se servoit d'Artistes Grecs, qui ne voyant dans le nom Phœnicien de la Ville que les consonnes *Beth*, *Resch* & *Thau*, crurent apparemment que pour en déterminer la prononciation, ils devoient y ajouter la voyelle *Eta*, comme dans le nom Grec BHP; & ce qui semble confirmer que cela fut ainsi pratiqué, c'est que d'autres Artistes Grecs qui prononçoient l'*Eta* comme un *Iota*, & conséquemment les employoient indifféremment l'un pour l'autre, fabriquerent dans la suite des monnoies Grecques au nom de la même Ville avec la légende BIPΥ. Il me semble que ces procédés dans la fabrication des médailles dont il
s'agit,

s'agit, n'ont rien que de naturel & de probable.
Pour faire voir encore mieux que la lettre H a été
inférée par les Grecs dans le nom Phœnicien de *Béryte*, & qu'il étoit écrit en cette langue fans voyelle,
je joins à la médaille en queftion, que je redonne
fous le N°. 9, une autre médaille en argent de la
même Ville, N°. 10, qui m'eft venue depuis peu, &
qui n'a pour légende que les lettres *Beth* & *Refch*:
ce qui prouve, ce me femble, que le nom de cette
Ville étoit écrit primordialement par ces deux premieres lettres, comme l'étoit en Hébreu le nom de ברית.
Bérith, Divinité des Sichimites, dont il eft fait mention
dans le Ch. IX. du Livre des Juges. C'eft apparemment
à l'exemple de ce qu'elle l'infcrivoit ainfi par abréviation fur fes monnoies Phœniciennes, qu'il a été
écrit fouvent par BH. feulement fur fes médailles
Grecques, & qu'il ne l'a jamais été que par BER. fur
l'immenfe quantité qu'elle en a fait frapper en langue
Latine fous tous les Empereurs Romains, à commencer de Jules Céfar jufques & compris Gallien.

Sur ce que j'ai dit que le vrai nom de la ville d'A-
frique, qui eft écrit *Oea* dans plufieurs Auteurs,
étoit *Ocea* fuivant une médaille que j'ai rapportée
Sup. II, pag. 48. on me fait obferver que M. l'Ab.
B. a cependant lu *Oea* én caracteres Puniques fur la

IV. SUPPLÉMENT. K

P LANCHE III. N°s. 9. 10.

médaille qu'il a publiée après celle de *Béryte*, & l'on me demande si je crois qu'il ait bien lu les caracteres qui consistent en deux *Aleph*, entre lesquels est un autre caractere inconnu, qu'il a estimé pouvoir être un *Hé*. On trouve que ce n'étoit pas la peine de publier cette médaille pour ne donner encore que des doutes à son ordinaire [a], tant sur la valeur du second caractere, que sur le Pays où la médaille a été frappée, en disant que c'est en Sicile ou en Afrique. On l'accuse même d'avoir mal désigné la situation de la ville prétendue d'*Oea*, en la mettant à l'opposite de la Sicile. Il ne l'avoit vue apparemment, dit-on, que sur une carte à petits points, & ce seroit en vain que par cette indication on la chercheroit sur la côte d'Afrique voisine de la Sicile, d'où elle étoit éloignée de plus de cent lieues par mer en ligne directe, l'Isle de *Malte* se trouvant même dans l'entre-deux [b]. La plupart de ces imputations sont trop frivoles pour s'y arrêter [c]. C'est mal à propos sur-tout qu'on voudroit exiger des explications certaines & indubitables de médailles qui ne présentent rien de certain. Comment entend-on que l'on puisse déterminer la valeur d'un caractere inconnu qu'on n'y a vu qu'une seule fois, sur-tout quand il n'est pas joint à d'autres caracteres qui peuvent servir à la faire connoître ? Il est bon cependant de

publier ces fortes de médailles fingulieres & curieufes, & de dire ce qu'on en penfe pour exciter les autres à en donner une meilleure explication s'il étoit
poffible. Ce n'eft pas que je fois du fentiment de M.
l'Ab. B. fur tout ce qu'il dit au fujet de celle en
queftion. S'il y avoit bien réfléchi, il n'auroit pas
avancé qu'elle pouvoit être de la ville d'*Oea*, non
que je prétende que cette Ville appellée *Ocea* fur ma
médaille, & dans les écrits de divers Auteurs, ne
puiffe avoir jamais porté cet autre nom ; mais il n'eft
pas probable, comme je l'ai déja marqué, que des
villes d'Afrique foumifes à la République de *Carthage*,
ayent fait battre des monnoies en argent, & encore
moins un médaillon, tel que l'eft la médaille dont
il s'agit.[a] Sa fabrique qui par la gravure paroît excel-
lente ; la tête de Cérès ou de Proferpine entourée de
poiffons ; le revers où eft repréfenté un quadrige
conduit par une figure à laquelle une Victoire préfente en volant une couronne : tout cela défigne que
ce médaillon eft d'une ville de Sicile, où plufieurs
autres Villes, comme *Syracufe*, *Thermæ* & *Catania* en
ont fait frapper qui font tout-à-fait femblables.[b] Quant
à la ville qui a fait fabriquer celui-ci, il n'a jugé apparemment que le caractere inconnu pouvoit être
un *Hé*, que pour pouvoir attribuer la médaille à

K ij

note de Mr. Barthelemy.

(a) et pourquoi? c'est parce que l'auteur a prétendu plus haut qu'on ne frappoit des médailles d'argent qu'à Carthag.; et quelles preuves en donne-t-il? aucune.

(b) j'ai laissé l'alternative de la Sicile ou d'une ville d'Afrique qui étoit colonie de Sicile.

Oea [a]; car ce caractere n'a abſolument rien dans ſa forme qui approche de la figure d'un *Hé*. J'adopte plutôt le ſentiment de M. Maffey qui a attribué à la ville d'*Abacœnum* une médaille d'argent qui contient pareillement un caractere inconnu entre deux *Aleph*. [b] Il eſt vrai qu'il convient que ſur ſa médaille, qui repréſente d'un côté une tête d'homme nue entourée de trois poiſſons, & de l'autre côté un cheval paſſant, le caractere qui ſe trouve entre les deux *Aleph* n'eſt pas bien conſervé, & cependant dans le deſſein de la médaille il eſt figuré à peu-près comme un *Beth* Phœnicien. Je ne ſais point ſi celle de M. l'Ab. B. eſt mieux conſervée ; mais les Carthaginois n'ont-ils pas pu donner à leur *Beth* diverſes formes, comme ils en avoient donné à pluſieurs autres caracteres, de l'aveu de M. l'Ab. B. qui peut-être même n'attribue que trop ſouvent une même valeur à des lettres différentes. Il me paroît qu'on ne peut douter que ces deux médailles n'ayent été frappées en Sicile ; & le témoignage de Diodore, Auteur célébre, originaire de cette Iſle, doit contribuer à les faire adjuger à la ville d'*Abacœnum*, parce qu'il dit que c'étoit une Ville illuſtre qui avoit été poſſédée par les Carthaginois, s'étant livrée au Général Amilcar à cauſe qu'Agathocles en avoit fait égorger pluſieurs habitants qui lui étoient contraires. D'ailleurs , je ne trouve point qu'aucune des villes de Sicile , dont le nom pouvoit avoir un *Aleph* pour premiere & pour troifieme lettre , ait été occupée par les Carthaginois , fi ce n'eft celle d'*Abacænum.*

Après le médaillon dont je viens de faire mention , M. l'Ab. B. en rapporte un autre qui eft femblable à celui que j'ai donné P. III , Pl. LXXXVIII , N°. 6 ; & il fe fert de fon médaillon , qui n'eft pas bien confervé , pour dire que ce font des *Aleph* Phœniciens qui s'y trouvent , & que par conféquent les caracteres à peu-près pareils , que j'avois pris fur le mien pour des *Koph* , font des *Aleph* d'une nouvelle forme. Si je n'avois pas à répondre aux remarques & aux queftions qu'on m'a faites fur ce fujet , je n'aurois rien à ajouter à tout ce que j'en ai déja marqué , particuliérement dans le Sup. I , pages 15 & fuivantes. Je commence par dire que je fuis perfuadé qu'il n'a pas eu les intentions qu'on lui prête à cette occafion ; favoir , que par l'affectation avec laquelle il a publié fucceffivement dans fes divers Ouvrages , à commencer de 1758 jufqu'à préfent , plufieurs de mes médailles Phœniciennes & Puniques , avec des interprétations différentes de celles que j'avois données,[a] il paroît qu'il a pris à tâche de défapprouver que je les euffe publiées, comme si je lui avois fait un vol, & qu'il n'appartînt qu'à lui d'interpréter ces sortes de médailles [a] ; & l'on prétend cependant que la plupart de ses interprétations ne sont rien moins que valables, témoin celle du médaillon en question, où l'on observe qu'après avoir formé un doute sur la derniere lettre de la légende, qui, selon lui, est un *Thau* ou un *Hé*, de sorte qu'on peut lire באראת ou באראה, il dit d'une maniere embarrassée que par la conformité des types du médaillon avec ceux des médailles sur lesquelles on lit ΕΜΠΟΡΙΤΩΝ, si ces médailles n'étoient pas de la ville d'*Ampurias* en Espagne où elles se trouvent, mais plutôt d'une autre ville d'*Emporium* en Sicile, comme quelques Antiquaires l'ont pensé ; alors on seroit guidé à attribuer le médaillon à cette Ville par l'exemple de la ville d'*Imichara*, dont l'ancien nom étoit *Macara*, auquel on avoit ajouté *im* pour עם, qui signifie *populus* : qu'il n'y auroit qu'à ajouter pareillement עם à באראת, & qu'on auroit *Ambarat*, mot fort ressemblant à celui d'ΕΜΠΟΡΙΤΩΝ. Il n'insiste pas à la vérité sur cette interprétation, en quoi il a raison ; car elle est d'autant moins admissible, qu'il est très-problématique que cette prétendue ville d'*Emporium* en Sicile ait jamais existé ; & qu'il faudroit de plus supposer encore que non-seulement les

Carthaginois l'auroient occupée, mais auſſi qu'elle auroit été aſſez puiſſante pour faire frapper des médaillons d'argent de la plus grande forme qu'on connoiſſe. Je ſuis très-éloigné cependant d'approuver tout ce que les Critiques diſent de ſon explication qu'ils trouvent alambiquée, louche & fantaſtique. (a) Mais à l'égard des caracteres de mon médaillon qu'il a dit affirmativement être des *Aleph*, tandis que dans ſa Diſſertation de 1758, il avoit reconnu que la même lettre étoit un *Koph* dans l'initiale du nom Punique de l'Iſle de *Coſſyre*, il me ſemble que ce n'eſt pas à tort tout-à-fait qu'on lui impute en cela une contradiction manifeſte. (b) On voudroit même me faire croire que c'eſt poſtérieurement à ſa Lettre de 1763 qu'il a inſéré dans ſa Diſſertation de 1758 l'apoſtille contenant l'interprétation de la médaille de *Coſſyre*, cette Diſſertation n'ayant été imprimée qu'en 1764 ; car s'il étoit vrai, me dit-on, qu'il eût donné en 1758 l'explication de cette médaille, où il a pris le caractere conteſté pour un *Koph*, il n'auroit pu ſe diſpenſer de ſe rétracter dans ſa Lettre de 1763, où il affirme que c'eſt un *Aleph* d'une nouvelle forme. (c) Mais au contraire en marquant, comme il fait à la fin de cette Lettre, qu'il ſupprime une foule de conjectures qu'il pourroit y ajouter ſur la médaille de *Coſſyre*, & ſur d'autres médailles Phœniciennes & Puniques dont il s'occupe depuis long-temps, il fait entendre bien clairement qu'il n'avoit pas encore donné alors l'explication de la médaille de *Coffyre* ; & il a fourni par-là, sans y penser, la preuve que l'apoſtille qu'il a miſe à ſa Diſſertation lue à l'Académie en 1758, eſt une addition faite pluſieurs années après dans le temps de l'impreſſion.[a] Sur tout cela, comme on ſuppoſe que nous voyant ſouvent, nous avons dû nous expliquer enſemble, on me demande à quoi il faut s'en tenir. Je me borne à dire que je ne lui en ai point parlé, parce que les diſcuſſions en perſonne menent quelquefois plus loin qu'on ne voudroit, & que je fais trop de cas de ſon amitié, pour riſquer de la perdre par des diſputes de cette eſpece. En pareille matiere, il eſt libre à chacun de penſer & de s'exprimer comme il l'entend, & même de perſiſter dans ſes opinions, quoique mal fondées, ſans que perſonne ſoit en droit d'exiger qu'on les abdique pour embraſſer celles que les autres croient meilleures ; mais il eſt permis auſſi à chacun, pour ſoutenir les ſiennes, de combattre celles qui y ſont oppoſées. Quoique je ſois rebuté d'avoir eu ſi ſouvent occaſion de parler des caracteres que je crois être des *Koph*, & que d'autres jugent être des *Aleph*, je me propoſe d'y

revenir

revenir encore en finissant le présent Supplément, & d'appuyer mon sentiment à cet égard par l'explication de la médaille Phœnicienne qu'on attribue à la ville de *Sidon*, dont la légende présente trois fois ce même caractere. En attendant j'ajouterai ici que vainement prétendroit-on que celui qui est sur cette médaille n'est pas le même que la premiere lettre qu'on voit sur les médailles de *Cossyre* & du *Goze*, parce que dans les unes le trait supérieur, qui en forme la tête, est courbé, tandis qu'il est angulaire dans les autres (*). Ce seroit une pure chicane (a), cette légere différence n'empêchant pas qu'on ne reconnoisse aisément que le *Koph* Hébraïque a été le prototype de ce caractere, qui n'est varié que comme le sont la plupart des lettres dans l'écriture en toutes les langues.

Sans faire mention davantage des remarques faites par autrui sur les interprétations que M. l'Ab. B. a données des médailles suivantes de ma Collection

(*) Il n'est pas plus surprenant de voir la tête de ce caractere, tantôt semi-circulaire, & tantôt angulaire, que de voir l'*Ain* triangulaire, & la tête du *Beth* quelquefois ouverte & semi-circulaire, ainsi que celle du *Resch*. Combien d'autres variétés ne trouve-t-on pas dans la forme de plusieurs autres caracteres Phœniciens & Puniques? Il en est de même des anciens caracteres Grecs. La tête du *Rho* n'est-elle pas quelquefois d'une forme angulaire, & l'*Omicron* même n'est-il pas figuré aussi quelquefois de forme quadrangulaire, & d'autres fois en losange?

IV. SUPPLÉMENT.

L

qu'il a lues ou expliquées autrement que moi, je ne dirai que ce que j'en pense moi-même.

Dans sa Lettre de 1763, il attribue à Bocchus ou à Bogud, Rois de Mauritanie, des médailles que j'ai référées à la ville de *Leptis* de la Syrtique. Il n'en a rapporté que trois, dont deux se trouvent dans les six que j'ai données; savoir, cinq (P. III, Pl. cxx), & la sixieme (M. I, Pl. iv.) Elles ont toutes pour légendes les quatre lettres suivantes, excepté la derniere où la quatrieme lettre a la forme de notre chiffre 2. Il convient d'abord que la premiere lettre des quatre est un *Lamed*, & la seconde un *Beth*; & que la quatrieme, soit qu'on la prenne pour un *Tsadé*, pour un *Samech* ou pour un *Schin*, doit avoir la valeur d'une S, si ce n'est cependant pas un T; car, dit-il, ce seroit effectivement un T si les médailles étoient de Bogud, dont le nom est terminé par un T sur une médaille Latine, quoique tous les Auteurs Latins l'ayent écrit par un D. A l'égard de la troisieme lettre que M. Swinton & d'autres Antiquaires ont jugé être un *Daleth*, il faudroit que ce fût un *Ghimel* si les médailles étoient de Bogud : mais il lui donne la valeur d'un *Koph*, & après avoir bien agité la question de savoir si elles appartiennent à Bogud ou à Bocchus, il se détermine à la fin pour ce dernier.

Pour pouvoir trouver le nom de l'un ou de l'autre dans les quatre lettres de la légende, il fépare des trois dernieres la premiere qui eft un *Lamed*; & fuppofant que cette premiere lettre ne fait point partie du mot, il dit que c'eft un Article qui a été mis audevant, fuppofition qui me paroît un peu hazardée : mais avant que d'en parler, je vais expofer les raifons qui m'ont fait attribuer ces médailles à la ville de *Leptis*; après quoi je dirai ce qui m'empêche de recevoir pour valables celles que M. l'Ab. B. allegue en faveur de fon opinion.

Le fentiment des Antiquaires fur la valeur des lettres qui compofent la légende dont il s'agit, étant affez uniforme, excepté fur celle qu'ils ont jugé être un *Daleth*, & que M. l'Ab. B. prend pour un *Koph*[a], j'ai cru être fuffifamment autorifé à lire *Lebedits* fur les cinq premieres médailles, & *Lebedi* fur la fixieme, comme je l'ai marqué dans les Volumes où je les ai rapportées; & ce qui a contribué à me faire naître cette opinion, c'eft que la Ville qui eft fituée dans le lieu où étoit l'ancienne *Leptis*, a toujours été appellée jufqu'à préfent par les habitants du Pays *Lebeda*, nom qui eft prefque tout femblable à celui de *Lebedi* & *Lebedits*, d'où les Grecs en changeant fuivant leur ufage le B en P, & le D en T, avoient prononcé &

L ij

écrit *Leptis*. De plus quelques-unes de ces médailles me font venues de Tripoly de Barbarie, Ville qui n'eft pas éloignée de *Lebeda*. Tout cela ne prouve pas déterminément à la vérité qu'elles foient de l'ancienne *Leptis*, & je ne prétends pas non plus qu'elles ne puiffent être abfolument de quelqu'autre Ville ; mais au moins mon interprétation n'eft-elle pas fujete aux objections dont eft fufceptible celle de M. l'Ab. B. C'eft maintenant ce qu'il faut faire voir.

Il fuppofe, comme je l'ai déja dit, que le *Lamed*, premiere lettre de la légende, eft un Article, & que le nom de Bogud ou de Bocchus fe trouve dans les trois autres lettres. Je ne crois pas qu'on ait jamais vu aucune médaille Phœnicienne, Punique, ni autre où il ait été mis un Article devant un nom de Roi. Cela eft fans exemple, & ne paroît pas vraifemblable. [b] On ne trouve un pareil Article que fur quelques médailles de villes de Phœnicie. Si le *Lamed* en étoit un fur celles-ci, le nom de Bogud ne pourroit être au nominatif, comme il l'eft fur fa médaille Latine, & comme le font les noms des deux Juba, & du jeune Ptolémée fur leurs médailles. Mais la chofe ne vaut pas la peine de s'y arrêter, & je viens à l'idée qu'il a eue d'attribuer les médailles en queftion à des Rois de Mauritanie. Pour montrer qu'il n'y a rien dans la légende , dans les têtes , ni dans les types des revers qui puiſſe indiquer qu'elles ont été fabri-quées au nom & pour des Rois , je procéderai par ordre , ſans rien omettre de ce qu'il a allégué au ſou-tien de ſes conjectures. (a).

La premiere des trois médailles qu'il a rapportées, repréſente d'un côté la tête d'une femme couronnée de pampres ou de feuilles de lierre , & de l'autre côté une maſſue au milieu d'une couronne , avec le pré-tendu nom de Bocchus ou de Bogud au-deſſus. Je ne citerai plus , pour abréger , l'alternative du nom de Bogud. Au-deſſous de la maſſue , ſont quatre lettres qu'il lit de deux façons , ſans en déterminer la ſigni-fication. Je paſſe cette indétermination , ainſi que les conjectures qu'il dit lui être venues en foule à l'occa-ſion de cette médaille ; & qu'il s'eſt fait un devoir de ſupprimer. Je remarquerai ſeulement que la tête de femme qu'on y voit , eſt , ſelon les apparences , celle d'une Divinité qui étoit révérée dans la Ville qui l'a fait fabriquer ; & que quand ſur de ſemblables mé-dailles on ne trouve point de légende autour des têtes , la légende qui eſt de l'autre côté marque ordi-nairement le nom de la Ville , nom qui eſt ſeul le plus ſouvent , & quelquefois accompagné d'épithe-tes , ou titres honorifiques. Sur celle-ci , non plus que fur les autres, on ne voit rien qui ait rapport à Bocchus, puifque d'un côté c'eft une tête de femme, & de l'autre côté une maffue qui défigne le culte que la Ville rendoit auffi à Hercule.

La feconde médaille repréfente fur une face une tête âgée & barbue, ceinte d'un diadême; & fur l'autre face une tête de femme couronnée de lierre, comme dans la médaille précédente. Ce qu'il y a de plus fingulier eft la légende Punique ou Numidique en queftion, qui eft écrite de l'un & de l'autre côté au-devant de chacune des deux têtes, fur quoi M. l'Ab. B. ne dit rien. Je ne connois point de médailles où le nom d'aucun Roi ou Prince foit ainfi écrit de chaque côté [a], fi ce n'eft en deux langues différentes, comme fur les médailles de Juba le pere, où fon nom qui eft en Latin d'un côté, eft auffi écrit, fuivant l'opinion commune, en caracteres Africains de l'autre côté. Sur des médailles de *Tyr* & de *Sidon*, le nom de ces Villes eft écrit pareillement en deux Langues; favoir en Phœnicien & en Grec. J'en ai marqué la raifon en rapportant de ces fortes de médailles. Mais ce n'eft que fur des médailles de Villes Grecques, comme celles de *Rhodes*, de *Croton*, de *Pofidonia*, & autres dont j'ai fait ci-devant mention, qu'on trouve leur nom des deux côtés; d'où l'on peut inférer que c'eſt par conſéquent un nom de Ville qui eſt répété ſur la médaille dont il s'agit. A l'égard des deux têtes qui y ſont repréſentées, & qu'il juge être l'une de Bocchus, & l'autre de ſa femme, je ne conçois pas qu'il ait pu le penſer. Si cela étoit, le prétendu nom de Bocchus ſe trouveroit-il du côté de la tête de la femme, comme du côté de la tête de l'homme? Le nom des Reines n'eſt-il pas écrit ſur les médailles qui les repréſentent? & ſans en citer des exemples hors de l'Afrique, Cléopatre, femme de Juba, n'eſt-elle pas nommée ſur les ſiennes? Il inſiſte principalement ſur la tête barbue qu'il attribue par cette raiſon à Bocchus, attendu que Strabon rapporte que les habitants de Mauritanie laiſſoient croître leur barbe; mais je ferai voir que cette tête eſt celle de Jupiter, en parlant de la médaille ſuivante.

C'eſt la troiſieme qu'il rapporte avec la légende en queſtion. Sur un côté eſt la tête d'Auguſte, & ſur l'autre côté, où eſt la légende, ſont deux têtes en regard, leſquelles ſont les mêmes que ſur les mé-dailles précédentes, excepté que celle qui a de la barbe, eſt ſans diadême. J'en avois donné une ſem-blable, Pl. cxx, N°. 4, où la tête d'homme paroiſſoit reſſembler à celle de Marc-Antoine, parce que la barbe en a été effacée par le frottement. Celle de

M. l'Ab. B. est apparemment d'une meilleure conservation. Du reste, je crois être fondé à pouvoir montrer par des comparaisons & par des exemples, que
ce n'est pas la tête de Bocchus qui y est représentée,
mais celle de Jupiter. Quiconque voudra se donner
la peine de considérer dans la même Planche cxx les
médailles Afriquaines qui y sont rapportées avec la
même tête d'Auguste sur un côté de chacune, reconnoîtra au premier coup d'œil qu'elles ont toutes à
leur revers des têtes de Divinités, ou des symboles
qui leur étoient propres & les désignoient. Telles
sont entre autres la médaille du N°. 9, qui représente
au revers de cet Empereur la tête du Dieu Serapis,
avec un boisseau au-dessus; celle du N°. 10 qui représente la tête de Jupiter avec la couronne de laurier
qu'on lui voit plus souvent que le diadême [(a)]; & la
médaille du N°. 14, où la tête d'Apollon est pareillement représentée. Je remarquerai en passant que les
médailles des N°°. 12 & 13 ont au revers de la tête
d'Auguste, celle d'une femme tourelée, que tous
les Antiquaires reconnoissent être le Génie ou symbole
d'une Ville fortifiée; & que sur ces deux médailles,
sont les quatre lettres Puniques, ou plutôt Numidiques, qui se trouvent sur la médaille de Tibere, &
sur celle de Julie sa femme, que j'ai rapportées au
commencement

(a) je n'en connois point avec le Diademe, excepté celle que j'attribue à Bocchus.

commencement de la Planche cxxi, lefquelles lettres m'ont paru marquer le nom de la ville d'*Iol*,[a] appellée depuis *Céfarée*, qui étoit la Capitale de la Mauritanie. M. l'Ab. B. n'a pas fait attention fans doute à ces diverfes médailles.[b] Celle du N°. 8 de la Pl. cxx, furtout, l'auroit bien mérité. Elle contient la légende conteftée avec une tête de femme tourelée. Or s'il y a quelque chofe de certain en fait de types & de légendes de Médailles, c'eft que fur celles où de pareilles têtes de femme tourelées font repréfentées, la légende qui s'y trouve contient le nom de la Ville qui les a fait frapper, ou des fymboles qui lui étoient propres.[c] Cette feule médaille, indépendamment de tout ce qui eft d'ailleurs contraire à fon opinion, auroit dû, s'il y avoit pris garde, l'en faire revenir. Cependant il a perfifté dans la prévention que celles qu'il a attribuées à Bocchus, font de ce Roi, comme il le témoigne dans fa Lettre du mois de Décembre 1766, où il s'appuie même fur la médaille que j'ai donnée comme étant de *Leptis*, M. I. Pl. iv, N°. 6.

En rapportant cette médaille, j'ai dit que le dernier caractere de la légende, au lieu d'être un *Tfadé*, ainfi que fur les cinq autres, eft la lettre Numidique formée comme notre chiffre 2, à laquelle la plupart des Antiquaires avoient jufqu'alors donné la valeur

IV. SUPPLÉMENT.   M

d'un *Iod*, & conféquemment j'ai obfervé que le nom de la Ville, qui eft écrit *Lebedi* au lieu de *Lebedits* fur cette médaille, femble indiquer qu'il étoit prononcé, fans faire fentir la confonne valant notre S qu'on mettoit ordinairement à la fin, de même que nous prononçons le nom de la ville de Paris. M. l'Ab. B. qui de fon côté avoit pris auffi ce caractere 2 pour un *Iod* fur des médailles qu'il a expliquées précédemment [a], prétend à préfent qu'il a reconnu par d'autres [b] médailles qu'il doit avoir la valeur d'une S, & que ma fixieme médaille le confirme dans cette opinion, de forte qu'il faudra, dit-il, lire *Bocchus*, lorfqu'il ne reftera plus de doute fur la premiere lettre de la légende. Ce font-là fes termes. Je ne fais fi on les trouvera bien clairs. Pour moi je n'infifte point fur la maniere dont j'ai lu la légende de cette fixieme médaille, ma conjecture pouvant bien n'être pas jufte; mais je ne comprends pas comment il a pu fe figurer que le nom de Bocchus y avoit été renfermé entre un aigle & un paon comme dans un cercle, tandis qu'il eft évident que c'eft le nom de la Ville qui l'a fait frapper, en y marquant le culte qu'elle rendoit à Jupiter & à Junon, par le type de ces deux oifeaux qui leur étoient confacrés. Mais je me difpenfe de rien dire de plus, croyant avoir affez bien montré que cette médaille, ni les cinq autres, ne contiennent

[a] je l'ai feulement fuppofé dans une lettre inferée dans une differtation fur les origines de Touloufe.

[b] je ne le prétend pas feulement, mais je l'ai démontré dans ma reponfe à Mr Swinton.

Voyez ce que j'ai dit de plus fur ce fujet dans ma premiere lettre imprimée en repondant aux objections qui m'avoient été faites.

rien abfolument qui puiffe les faire attribuer à Bocchus, & que c'eft certainement le nom d'une Ville qui y eft infcrit.

Dans une Lettre qu'il a écrite en 1764 à l'Auteur d'une Differtation imprimée à Avignon fur l'origine de *Touloufe*, à l'occafion des médailles qui fe font trouvées dans le territoire du village de *Vieille Tou-loufe*, fituée à une lieue de cette Ville, parmi lef-quelles médailles plufieurs ont pour légende ΛΟΓ-ΓΟΣΤΑΛΗΤΩΝ, il fait mention des médailles fem-blables que j'ai rapportées, P. I, Pl. xix, N°⁵. 12 & 13, & que j'ai attribuées aux habitants d'un lieu ap-pellé *Talet*, fitué fur le mont Taygete en Laconie, & il attaque l'explication que j'en ai donnée par trois objections auxquelles je vais répondre.

La premiere eft que les médailles en queftion, qui fe trouvent à *Vieille Touloufe*, font en fi grande quan-tité, qu'on ne peut guere fuppofer qu'elles y foient venues de la Grece, & fur-tout d'un canton auffi éloi-gné des routes du commerce, que l'endroit où *Talet* étoit fitué. J'obferve fur cela que l'Auteur de la Differtation dit qu'avec ces médailles il s'en trouve une infinité d'autres de toute efpece en argent & en bronze, un très-grand nombre dont les légendes font en caracteres anciens Efpagnols, des médailles

M ij

de Marseille en abondance, & beaucoup de médailles des Gaules. Il fait une égale mention de médailles consulaires & impériales, & il en cite particuliérement une grecque de la ville d'Arade, & deux Phœniciennes. Il n'eſt pas étonnant qu'on déterre autant de médailles étrangeres dans le lieu où étoit ſitué l'ancienne ville de *Toulouſe*, qui, comme l'on ſait, étoit l'entrepôt des marchandiſes qui venoient de la Méditerranée à Narbonne, & paſſoient de-là à *Toulouſe* pour être tranſportées par la Garonne dans l'Océan pour les Pays Occidentaux, & même pour la grande Bretagne. Je ne vois pas pourquoi il n'auroit pu être porté dans une Ville où il ſe faiſoit un commerce auſſi conſidérable, des médailles de Laconie, de même que des côtes d'Eſpagne & de Phœnicie, ſoit par le commerce, ſoit même par des Lacédémoniens qui s'y ſeroient établis, ainſi que d'autres Lacédémoniens s'étoient établis en Sicile, & dans la Cantabrie en Eſpagne. Je ne ferois pas cependant difficulté de reconnoître que les médailles dont il s'agit pourroient avoir été frappées en Languedoc, s'il y avoit eu quelque Ville ou quelque Peuple dont le nom approchât ſeulement de celui qui y eſt inſcrit.(a)

La ſeconde objection eſt que quelques-unes de ces médailles ſont d'un mauvais travail, & reſſemblent par leur fabrique aux médailles que la plupart des

note de M. Barthélemy.

(a) on m'avoit conſulté ſur les médailles découvertes à vieille Toulouse, je fus obligé de parler de celles qui font le ſujet de cet article, et qui s'y trouvent en ſi grande quantité, qu'on doit les croire frappées en cet endroit. Cité dans une diſſertation ſur les origines de Toulouse. J'avois parlé du ſentiment de M. Pellerin avec des égards relatifs à la perſonne et non à ſon opinion qui eſt en effet inſoutenable.

Antiquaires attribuent à des Rois de Galatie, & que d'autres rapportent *peut-être avec plus de raison* à des Rois des Auvergnats. J'avoue que cette objection est si extraordinaire que je ne sais quelle qualification lui donner.[a] M. l'Ab. B. pense donc que les médailles de Laconie étoient de belle fabrique, puisqu'il rejette celles-ci comme n'en pouvant être, à cause qu'elles sont d'un mauvais travail? Mais n'en connoît-il pas plusieurs de la ville de *Lacédémone* même, qui sont d'un travail encore plus grossier, & entr'autres celles où la tête de Licurgue est représentée avec son nom[b]? Quand il dit que les médailles attribuées à des Rois de Galatie pourroient appartenir plutôt à des Rois des Auvergnats, est-ce parce que, comme quelques-uns l'ont pensé, il y a eu un Roi de ces Peuples, appellé *Bituitus*, dont le nom approche de celui de ΒΙΤΟΥΙΟΣ qui se trouve sur quelques médailles? & prétend-il en inférer que tous les autres noms différents en si grand nombre, qui sont marqués sur d'autres médailles semblables, doivent être par cette raison des noms de Rois qui avoient régné en Auvergne? On n'y a jamais trouvé aucune de ces médailles, qui toutes au contraire sont venues du Levant.[c] Comment donc a-t-il pu adopter une opinion qui a été si bien réfutée par M. de la Bastie dans ses remarques sur la Science des médailles du P. Jobert ? Si celles de ces Rois ressemblent en quelque sorte, comme il le dit, à des médailles de *Beziers*, elles ne ressemblent pas moins à celles des Rois appellés *Moagetes* qui régnoient dans la Cibyratide, contrée qui étoit peu éloignée de la Galatie, & qui avoit été possédée par Amyntas en même temps qu'il étoit Roi des Galates. Or on a des médailles de cet Amyntas qui sont semblables aussi à celles de ΒΙΤΟΥΙΟΣ & des autres Rois qu'il croit avoir régné plutôt en Auvergne qu'en Galatie. Je prévois qu'il pourra dire qu'il a formé seulement sur cela un doute, en se servant du terme de *peut-être*; mais en y ajoutant *avec plus de raison*, comme il a fait, il a manifesté assez clairement son sentiment. S'il a effectivement de bonnes raisons pour adjuger ces sortes de médailles à des Rois d'Auvergne, on lui sera obligé de les faire connoître. (a)

La troisieme objection consiste à dire que sur des médailles qui ont d'un côté ΛΟΓΓΟΣΤΑΛΗΤΩΝ, on voit de l'autre côté des noms qui ne paroissent pas Grecs, tels que celui de βωχιος ou βωπρος, & celui de ΛΟΥΚΟΤΙ ou ΛΟΥΚΟΤΙΩΝ (ces mots Grecs que j'écris comme ils le sont dans sa Lettre, semblent montrer que les médailles où il les a pris ne sont pas bien conservées), & il finit par avouer qu'il ignore

Note de Mr Barthelemy.
(a) Cela a tout l'air d'un défi. mais je ne veux pas me battre avec des gens qui ne veulent pas m'entendre, mais veulent absolument que j'aye tort.

fi le peuple à qui nous devons ces médailles faifoit partie des Gaulois Tectofages établis à *Touloufe*, s'il faut les compter parmi ces Peuples obfcurs de l'Aquitaine que Strabon cite fans les nommer, ou fi l'on pourroit les placer fur les bords de la Méditerranée & fur les rivages de *Leucates*, dont le nom a beaucoup de rapport à celui de ΛΟΥΚΟΤΙ. Je réponds que je ne fais fi d'autres trouveront comme lui que ΛΟΥΚΟΤΙΟΣ, ϐωκιος ou ϐωκρος ne peuvent pas être des noms Grecs[a]; mais que je vois très-clairement que ces noms qui défignent des Magiftrats, felon les apparences, n'ont aucun rapport à celui de ΛΟΓΓΟΣΤΑΛΗΤΩΝ, qui étoit le nom du peuple qui a fait frapper les médailles[b]; & que je trouve qu'après s'être efforcé à chercher des raifons pour les ôter aux habitants de *Talet*, auxquels je les avois attribuées, il conclud enfin par dire qu'on ne connoît point d'autre Peuple à qui elles appartiennent. Je m'en rapporte à ce que chacun penfera d'une fi finguliere conclufion.[c]

J'arrive à fa Lettre de 1766, qui a été approuvée & louée judicieufement par les Auteurs du Journal des Savants. Il y en a d'autres pourtant non moins éclairés qu'équitables, & prévenus même en faveur de l'Auteur, qui n'en ont pas été fi contents[d]; & qui auroient defiré, entre autres chofes, que pour au-

toriſer en partie la maniere dont il a interprété l'Inſcription de *Malte*, il ne ſe fût pas ſervi de la prétendue Epitaphe du Poëte Ennius, parce que, malgré ce
que M. Mazocchi en a dit, cette Epitaphe n'exiſtoit
point à Rome en 1521; & que ſon authenticité n'a
point été conſtatée par les autres qui l'ont publiée.(a)
Mais il ne m'appartient point d'entrer dans les diſcuſſions concernant les Inſcriptions, qui ne ſont point
de mon ſujet. Je ne dirai rien non plus des diverſes
médailles Puniques que M. l'Ab. B. explique à ſa
façon ordinaire dans cette même Lettre; & ſans m'é-
carter de la loi que je me ſuis impoſée de ne parler
que de ce qui a rapport à celles que j'ai données, je
m'en tiendrai à la médaille de ma Collection qu'il y
a rapportée Pl. iv, N°. 9. Il y obſerve que la légende
eſt compoſée de quatre lettres, dont la premiere eſt
un *Mem*, & la quatrieme un *Aleph*, qui avoit été
omiſe par le Deſſinateur dans le deſſein que j'en ai
donné. Je lui ſuis obligé de l'y avoir ajoutée. Il dit
que la troiſieme lettre eſt peut-être un *Daleth* ou un
Reſch, & il ſuppoſe que la ſeconde eſt un *Teth*;
moyennant quoi, ajoute-t-il, on aura *Matara*, nom
de la ville de *Madaura* ſituée en Afrique, ou celui
d'une autre ville d'Afrique que Pline appelle *Mata-
renſe oppidum.* Voilà encore des incertitudes & des
ſuppoſitions

suppositions que je trouve susceptibles de fortes ob-[a] jections. Je ne vois pas pourquoi il soupçonne que le troisieme caractere pourroit être un *Daleth* qui est toujours figuré avec une queue courte, à la diffé- rence du *Resch*, dont la queue est longue, & telle qu'elle est figurée sur la médaille. Je conçois encore moins qu'il ait pu donner pour un *Teth* le second ca- ractere que j'avois dit (P. III, page 15) être un *Sin* ou *Schin* d'une forme presque toute semblable au *Sin* ou *Schin* Hébraïque. Je ne crois pas m'être trompé en cela , & pour le faire voir à ceux même qui n'ont point connoissance des écritures Hébraïques & Phœ- niciennes, je donne dans la présente Planche III , sous les Nos. 11 & 12, la forme ordinaire de ces caracteres en Hébreu & en Phœnicien , & sous le N°. 13 le même caractere, tel qu'il est figuré sur les médailles Puni- ques.[6] On y reconnoîtra qu'il étoit d'une forme ar- rondie par le bas chez les Hébreux & chez les Chal- déens, & d'une forme angulaire chez les Phœniciens; & que les uns & les autres mettoient un tiret incliné entre les deux branches qui étoient ouvertes par leurs extrémités. Ce tiret, qui en étoit séparé, ne permettoit pas de former d'un seul trait ni l'un ni l'autre de ces caracteres. Les Carthaginois, pour écrire plus vîte, traçoient le leur arrondi d'un seul trait ,

IV. SUPPLÉMENT.   N

en rabattant le tiret de la branche gauche dans l'intérieur, fans le disjoindre de cette branche, à laquelle on le voit par conféquent attaché dans la médaille en queftion, & dans quelques autres dont je ferai mention ci-après ; ils l'ont auffi tracé d'autres fois d'une forme pareillement arrondie par le bas, en plaçant perpendiculairement le tiret entre les deux branches. M. l'Ab. B. a rapporté dans fa Differtation de 1758 des médailles Puniques où fe trouvent des caractères de cette forte, auxquels il donne lui-même la valeur du *Sin* Hébraïque.[a] D'où vient donc qu'aujourd'hui il fuppofe (c'eft fon terme) que ce caractère dans ma médaille eft un *Teth* ? Je ne penfe pas qu'en cela il ait eu intention feulement de me contredire ; mais eft-il mieux fondé à attribuer la médaille à *Madaura* ou à *Matarenfe oppidum*, qui étoient deux villes d'Afrique ? Elle s'y oppofe d'elle-même, non-feulement par fes types & par fa fabrique, mais encore par fa matiere qui eft d'argent, les villes d'Afrique qui étoient fous la domination de la République de *Carthage*, n'ayant pu faire battre en leur nom des monnoies en ce métal, ainfi que je l'ai obfervé ci-devant.[6] Il faut donc par conféquent qu'elle foit de quelqu'une des villes de Sicile qui ont été poffédées par les Carthaginois. Après y avoir réfléchi, j'ai reconnu que les quatre lettres Puniques de la légende étoient équivalentes aux Hébraïques משרא ; & lisant *Maschara*, j'ai trouvé que la Ville qui étoit ainsi nommée par les Carthaginois, est celle qui a été appellée *Mazara* par les Grecs & par les Latins, lesquels n'ayant point en leurs langues de caracteres dont la valeur fût égale à celle du *Schin*, ne pouvoient donner à cette Ville un nom plus approchant de celui de *Maschara*, qu'en substituant leur *Z* au *Schin*, qui étoit prononcé à peu-près comme nous prononçons *Sch* en notre langue, & les Anglois *Sh* en la leur *. La ville de *Mazara* dont les Carthaginois s'emparerent en Sicile, étoit située à l'embouchure d'un fleuve portant le même nom, à quatre lieues de *Lilybée* qui étoit une de leurs Villes principales en cette Isle. Diodore de Sicile dit qu'il y avoit sur ce fleuve un Ἐμπόριον, c'est-à-dire, un lieu où étoient des magasins & un marché ; & qu'Hannibal s'en empara en passant de *Lilybée* à *Sélinonte*. Suivant Estienne de

---

* Depuis que les points ont été introduits dans l'écriture Hébraïque pour déterminer la prononciation, & faciliter l'intelligence des mots écrits sans voyelles, on a distingué le *Sin* du *Schin* en mettant un point pour l'un au-dessus de la branche gauche, & pour l'autre, au-dessus de la branche droite. On voit dans le XIIᵉ Ch. du Livre des Juges combien il fut fatal au peuple de la Tribu d'Ephraïm de n'avoir pas sçu bien articuler le *Schin* dans le mot שבלת qu'ils prononçoient *Sibboleth* au lieu de *Schibboleth*.

N ij

Byzance, c'étoit un château ou forteresse qui appartenoit à cette derniere Ville. Ptolémée en parle comme d'une Ville sous le nom de *Mazara*, & il en est fait mention sous celui de *Mazaris* dans l'Itinéraire d'Antonin. On prétend qu'elle fut agrandie ou rebâtie des ruines de *Sélinonte*, & elle a donné son nom à une grande contrée dont elle est encore aujourd'hui la Capitale.

Quand j'ai rapporté, Pl. cxxi, la médaille précédente, j'y en ai joint une autre de même métal toute pareille par la forme, par la fabrique & par la légende, excepté que la troisieme lettre est d'une forme différente. Je redonne dans la présente Planche, sous les Nᵒˢ 14 & 15, ces deux médailles dessinées & gravées avec la plus grande exactitude. Il n'y a pas lieu de douter qu'elles ne soient de la même ville de *Mazara*. La troisieme lettre ne paroît pas à la vérité être la même dans cette médaille-ci que dans l'autre; mais comme elle doit pourtant avoir nécessairement la même valeur, on reconnoît en l'examinant bien qu'elle ne differe guere du *Resch* ordinaire, que par la jambe ou queue qui y a été ajoutée, ce qui lui donne la figure à peu-près de la lettre R latine, tournée de droite à gauche. J'ai déja remarqué plusieurs fois que les Grecs qui avoient reçu leurs premiers caracteres des Phœniciens, formoient anciennement leur *Rho* avec une petite queue, & j'ai aussi rapporté, P. II, Pl. LXXXIII, N.ᵒˢ 45 & 46, des médailles Phœniciennes de la ville de *Tyr*, où le *Resch* est figuré de cette maniere. Je redonnerai ci-après une autre médaille Phœnicienne dont la légende contient deux *Resch* de cette espece, qui ont été pris pour des *Caph* par MM. Maffey & de Guignes dans l'explication qu'ils ont donnée de cette légende. Du moment que les Phœniciens ont varié de la sorte la forme de leur *Resch*, il ne faut pas être étonné que les Carthaginois aient suivi en cela leur exemple. Il en est de là variété qui se trouve dans la forme de ce caractere, comme des différences qui se rencontrent dans la forme des *Aïn* & des *Koph*, dont il a été fait mention ci-devant. Il n'y a rien au surplus dans les types de cette médaille qui ne ressemble à d'autres médailles de villes de Sicile. Le palmier est représenté sur plusieurs autres de cette Isle, & la tête qu'on y voit en face se trouve de même sur diverses médailles de *Palerme*, de *Ségesta* & de *Camarina*. J'ai oublié dans l'Article précédent de parler des types de la premiere médaille de *Mazara*. La tête & le homard, en quoi ils consistent, se voient pareillement sur beaucoup de médailles de Sicile. J'ajouterai ici que le homard, espece d'écreviſſe de mer, appellé en Latin *Aſtacus*, ne ſe trouve pour type que ſur des médailles de Villes maritimes qui en faiſoient la pêche. Si M. l'Ab. B. y avoit fait attention, il n'auroit pas attribué la médaille à la ville de *Madaura*, qui étoit ſituée en Afrique dans l'intérieur des terres fort éloignée de la mer.

A l'occaſion des médailles précédentes où le *Schin* Punique eſt figuré d'une petite forme approchante de l'ovale, je rapporte à la fin de la Planche préſente, celle que j'ai déja donnée, P. III, Pl. cxxi, N°. 18, pour faire voir comment les Carthaginois formoient ce caractere plus arrondi quand ils l'écrivoient en grand d'un ſeul trait. Tout ce que je puis dire d'ailleurs au ſujet de cette médaille, où la tête d'Auguſte eſt repréſentée, c'eſt qu'elle doit avoir été frappée en Afrique, & non en Sicile, où la langue Punique n'étoit plus en uſage ſous le regne de cet Empereur, au lieu qu'elle s'étoit perpétuée en Afrique depuis la deſtruction de Carthage arrivée plus de cent ans auparavant. Le type de la lyre, qui eſt au revers, fait voir ſeulement que la Ville où elle a été fabriquée rendoit un culte à Apollon. A l'égard des deux mots qui compoſent la légende, j'ignore s'ils ont été écrits en langue purement Punique, ſans mélange d'Africain; & s'il ſeroit poſſible d'en trouver l'intelligence dans les langues Hébraïques & Syriaques. Pour moi, ce feroit préfomption & peine perdue, que de tenter d'en donner des interprétations qui ne pourroient être que mêlées de doutes & de fuppofitions fur leur fignification ; & j'aime mieux m'en abftenir que de fournir matiere aux cenfures des Critiques auxquels déplaifent fi fort les doutes & les fuppofitions. Ainfi j'abandonne l'explication de cette médaille.

Mais j'ofe entreprendre de donner avec confiance celle que j'ai promife de la médaille Phœnicienne, qui depuis un fiecle a été publiée par prefque tous les Antiquaires, fans qu'aucun ait tenté de l'interpréter, hors MM. de Maffey & de Guignes qui n'y ont pas réuffi, tant pour n'avoir pas connu la vraie valeur de plufieurs des caracteres dont eft compofé la légende qu'on doit regarder comme une efpece d'Infcription, que pour avoir cru que cette médaille devoit être de la ville de *Sidon*. J'avois déja foupçonné qu'elle pouvoit bien avoir été frappée dans une autre Ville, ainfi que je l'ai marqué Sup. I, page 22. L'examen que j'en ai fait de nouveau à l'occafion de mes autres médailles, fur lefquelles M. l'Ab. B. a pris des *Koph* pour des *Aleph*, m'a fait connoître qu'ils fe font trompés en cela comme lui, & qu'ils

---

Note manuscrite en marge :

Je hazarderai cependant d'exposer ici une idée qui m'est venüe sur le premier mot composé de deux lettres Sin qui vraisemblablement marquent le nom de la ville qui a fait frapper la medaille. je pense que ces deux lettres etoient prononcées Souz, comme les lettres Tsade et Res composant le nom de la ville de Tyr étoient prononcés Tsour. oz Souz ou Souse c'est précisément le nom que porte depuis longtemps la capitale d'une Province du Royaume de Tunis, laquelle est située sur le bord de la Mer au-delà du Cap Bon vers l'Orient. les Ecrivains qui en ont parlé ne s'accordent point sur le nom qu'elle portoit anciennement. il paroit seulement qu'elle avoit été détruite et rétablie en differents temps et appellée de divers noms. il se peut bien que les gens du Pais mieux instruits que ces Ecrivains de son ancien nom Souz le lui ayent rédonné la derniere fois qu'elle a été rebâtie. au reste cette ville où il se fait un grand commerce a un port qui est fort frequenté par les navires des Europeens qui naviguent dans l'archipel et sur les côtes du fond de la mediterranée.

à l'égard des trois autres lettres puniques qui sont sur la medaille en question, je n'ai rien conjecturé de probable sur ce qu'elles peuvent signifier.

+ Reland avoit témoigné vouloir en donner l'explication, mais ne l'ayant point exécuté, il y a lieu de penser que les difficultés qu'il y aura trouvées l'auront fait y renoncer.

ont donné auffi la valeur du *Caph* à chacun des *Refch*, qui font d'une forme particuliere fur cette médaille. Il étoit difficile à la vérité de ne s'y pas méprendre, & leur méprife à cet égard eft très-excufable, parce qu'en effet les *Koph* en queftion ne different guere des *Aleph* ; & que les caracteres que j'ai reconnu être des *Refch*, font d'une forme approchante du K tourné de droite à gauche. Je me remets, pour éviter les répétitions, à ce que j'ai obfervé ci-devant pages 81 & 101 fur l'origine de ces deux fortes de caracteres. Mais la valeur apparente qu'ils leur ont attribuée, les a fait tomber néceffairement en d'autres erreurs, ayant été obligés conféquemment, pour trouver un fens aux mots où ces lettres fe rencontrent, de donner auffi à quelques autres lettres des valeurs arbitraires. M. Maffey, qui par cette voie a expliqué d'une maniere très - extraordinaire des médailles Puniques attribuées aux Ifles de *Malte*, du *Goze* & de *Coffyre*, où il croyoit que la premiere lettre des légendes étoit un *Aleph*, a pris auffi pour un *Caph* la pénultieme lettre de la feconde ligne de la légende dans cette médaille - ci, laquelle lettre eft certainement un *Mem* ; & pour un *Refch*, la derniere lettre de la même ligne qui eft un *Beth* bien formé & très-recon-noiffable. Il étoit incertain fi la feconde lettre de la troifieme troisieme ligne étoit un *Beth* ou un *Caph*, qui devoit, dit-il, avoir dans ce cas une autre prononciation que les autres *Caph*. M. de Guignes de son côté a pris cette même lettre pour un *Phé*, au lieu que c'est un *Beth* *. De ce qu'ils ont donné des valeurs différentes à chacun de ces divers caracteres, & de la contrariété qui s'en est ensuivie dans l'interprétation des mots qui en sont en partie composés ; il est résulté qu'en attribuant, comme ils ont fait, la médaille à la ville de *Sidon*, ils ont interprété la légende d'une maniere tout-à-fait opposée, ayant prétendu, l'un, qu'elle marque une fraternité, & l'autre, une inimitié entre cette Ville & celle de *Tyr*.

Je ne sais si je me fais illusion ; mais je trouve qu'en y prenant pour des *Koph* & pour des *Resch* les caracteres que ces Savants ont cru être des *Aleph* & des *Caph*, toutes les difficultés disparoissent ; qu'il n'est plus nécessaire d'attribuer des valeurs arbitraires à d'autres ca-

---

* Ce caractere ressemble assez par sa forme au *Beth* Hébraïque. Il ne differe d'ailleurs du *Beth*, qui termine la ligne précédente, qu'en ce que la tête n'en est pas si arrondie, ni fermée. Il en est de même des *Resch* dont j'ai fait ci-devant mention. Mais il n'est pas extraordinaire qu'un même caractere ait été figuré diversement sur ces médailles. Les exemples en sont fréquents. Si quelqu'un trouve cela étrange, ce ne sera pas au moins M. l'Ab. B. qui lui-même donne souvent une même valeur à des caracteres de formes bien plus différentes ; tels sont entre autres les sept caracteres suivants ♄.X.𝟤.H.ϫ.♄.п. lesquels, selon lui, sont ou peuvent être des *Hé*. On pourroit même y en ajouter un huitieme qu'il a fait du *Mem*, premiere lettre du second mot de la Médaille du N°. 7, qu'il a publiée dans sa Lettre du mois de Septembre 1763. ✗

IV. Supplément.

O

racteres ; que la signification de chacun des mots de la légende est constatée par les Glossaires, & qu'ils forment tous ensemble un sens clair, juste & complet, qui ne paroît pas susceptible d'objections. Pour le faire voir, je vais rapporter cette légende en caracteres Hébraïques, à côté de celle qui est en caracteres Phœniciens dans la médaille, afin que le Lecteur puisse les comparer aisément, & je marquerai ensuite ce que signifient les mots dont cette légende est composée.

לצדנם
קמרסב
פכקרת
צר

ל Articulus.

צדנם Tsidonim. Sidonii.

קם Adverbium contractum à קדם anterius, olim. Buxtorf.

רם (ᵃ) Participium à verbo רמה projicere.

ב Præpositio significans híc per, vel propter.

קב (ᵇ) Participium à verbo קבה execrari, maledicere.

קרת Kereth. Civitas.

צר Tsour. Tyrus. (ᴀ)

(ᵃ) On pourra peut-être trouver que l'adjectif רם paroît être au singulier au lieu d'être au plurier. Si l'on me demandoit de quelle maniere on peut le faire accorder avec Tsidonim, Sidonii, je répondrois, à l'exemple de M. l'Ab. B. que je ne connois pas tous les procédés de la langue des Phœniciens, ni les regles de leur Grammaire ; & que j'ignore comment ils prononçoient le mot רם quand ils en faisoient un plurier, mais que ce mot dérivant du verbe רמה projicere, doit avoir la signification que je lui ai donnée.

(ᵇ) Je ferois la même réponse pour l'adjectif קב, qui ne paroît

Suivant la signification de tous ces mots, je rends la légende ainsi qu'il suit : *Sidonii olim projecti per vel propter execrabilem (vel maledictam) civitatem Tyrum.*

Il s'agit maintenant de savoir quels étoient ces Sidoniens qui avoient été chassés anciennement de chez eux par la ville de *Tyr*, ou à cause de la ville de Tyr qu'ils appellent par cette raison *exécrable, maudite.* C'est un événement particulier dont je ne trouve point qu'il ait été fait mention spécialement dans l'Histoire, & qui cependant peut être présumé de ce qu'il y est rapporté, que les Tyriens avoient été long-temps en guerre contre la ville de *Sidon*, dont ils étoient parvenus à abaisser la puissance jusqu'au point que *Tyr*, qui étoit originairement une Colonie de cette Ville, devint Métropole des Sidoniens, ou du moins en prit le titre sur ses monnoies. Procope rapporte que d'autres Peuples de Phœnicie ou de Palestine, réfugiés en Afrique, y avoient bâti la ville de *Tingis*, aujourd'hui *Tanger*, & y avoient élevé deux colonnes de pierre sur lesquelles ils avoient mis une Inscription qui contenoit en langue Phœnicienne : *Nous sommes ceux qui avons fui de devant la face du voleur Jesus, fils de Navé,* c'est-à-dire, qui avons été chassés de notre pays par

pas être au féminin comme il devroit l'être pour s'accorder avec le nom *Kereth Civitas.*

O ij

Josué, fils de Nun. Rien de plus reſſemblant que cette inſcription & la légende de notre médaille. Des Peuples du même Pays font mention dans l'une & dans l'autre de leur exil, & y maudiſſent ceux qui en étoient les Auteurs. Mais qu'étoient devenus les Sidoniens dont il s'agit ? & où étoient-ils quand ils ont fait frapper ces médailles ? Strabon nous l'apprend. En parlant de la ville d'*Arade* ſituée ſur un rocher, dans une petite Iſle proche de la côte de Phœnicie, il rapporte qu'elle avoit été bâtie par des Sidoniens qui avoient été chaſſés de leur Ville Ε'ϰτισαν δ'αὐτὴν φυγάδες, ὡ'ς φασιν, ἐϰ Σιδῶνος. Ces fugitifs & leurs deſcendants avoient ſans doute formé à *Arade* une Communauté particuliere, & ſur les monnoies qu'ils firent battre en leur nom, ils firent mention de leur origine pour ſe diſtinguer des autres habitants de cette Ville, ainſi que des Sidoniens habitants de *Sidon.* Il étoit d'uſage en Syrie que les peuples d'une Ville qui avoient été s'établir dans une autre Ville en aſſez grand nombre pour y former des Communautés particulieres, y faiſoient battre des monnoies en leur nom. La preuve nous en eſt fournie par la grande quantité de médailles qui ſe trouvent des Antiochéens qui demeuroient à *Daphné,* à *Ptolémaïde* & à *Callirhoé.* Celles que l'on a des Sidoniens exilés ſont auffi affez communes. On en voit dans tous les Cabinets un peu confidérables. Si les Sidoniens qui les ont fait frapper n'y ont point infcrit le nom de la Ville où ils demeuroient, comme le faifoient les Antiochéens demeurant en d'autres Villes qu'à *Antioche*, c'eft qu'il n'en étoit pas befoin du moment qu'ils s'y difoient les exilés de *Sidon*. Il étoit notoire, fuivant le rapport de Strabon, qu'ils habitoient la ville d'*Arade*, qu'ils prétendoient avoir été bâtie par leurs Ancêtres. D'ailleurs ces médailles reffemblent plus par leur fabrique aux autres que l'on a de cette ville qu'à celles de *Sidon*, fur aucune defquelles on ne trouve le type du gouvernail de Navire qu'on voit fur celles-ci, au lieu que fur beaucoup d'autres médailles d'*Arade* une femme eft repréfentée affife fur un femblable gouvernail. Ainfi tout concourt à autorifer mon explication, & j'ai lieu de croire que ceux mêmes qui font le plus attachés à leur opinion fur les caraƈteres qu'ils croyent être des *Aleph* & des *Caph*, conviendront à la fin que ce font des *Koph* & des *Refch*, comme je me flatte de l'avoir fuffifamment montré par l'interprétation de cette derniere médaille, & par l'explication que j'ai ci - devant donnée des autres médailles où ces caraƈteres fe trouvent, ce qui pourra fervir à interpréter plus aifément dans la fuite les divers monuments où il s'en rencontrera de femblables. Je ne prétends pas cependant avoir fait en cela une grande découverte, ni me faire un mérite de ce que je crois avoir trouvé le vrai fens de la légende en queftion. Je n'ai pas eu befoin de faire bien des efforts pour y parvenir. Il ne m'a fallu qu'y prendre pour des *Koph* & pour des *Refch* les caracteres que j'avois reconnu avoir cette valeur en d'autres médailles. Alors, fans favoir beaucoup d'Hébreu, je n'ai eu qu'à ouvrir les Gloffaires qui m'ont donné la fignification propre des mots où ces caracteres fe voyent, & le fens de toute la légende s'eft trouvé heureufement autorifé & en quelque façon confirmé, d'un côté par l'Infcription de *Tingis* que Procope a rapportée, d'un autre côté par le paffage de Strabon concernant les Sidoniens exilés qui habitoient la ville d'*Arade*, & encore par le type de la médaille qui indique qu'elle a été frappée dans cette Ville, & non dans celle de *Sidon*, comme l'ont cru ceux qui par cette prévention ont échoué dans les explications diverfes qu'ils en ont publiées.

Au furplus, dans tout ce que je viens d'expofer pour défendre quelques-unes de mes opinions fur des médailles que j'ai rapportées dans mes Recueils,

je me fuis reftraint à celles que l'on a attaquées, foit
directement ou indirectement, en publiant les mêmes médailles que l'on a lues & interprétées autrement que je ne l'avois fait. Si je me fuis étendu en
quelques Articles plus que dans d'autres, & fi je fuis
entré dans la difcuffion des explications différentes
qui ont été données de ces médailles, c'eft qu'il m'a
paru que la matiere l'exigeoit, & que j'ai cru qu'il
m'étoit permis d'employer tout ce qui pourroit fervir
à ma défenfe. Mais je ne me fuis point écarté (je le
répete) de la loi que je me fuis faite de ne parler que
des médailles de ma Collection, & non des autres
qui ont été publiées, fi ce n'eft quand j'en ai trouvé
parmi celles - ci qui avoient des rapports avec les
miennes. A l'exception des Remarques que l'on m'a
engagé de donner fur le Recueil général des médailles
Grecques Impériales de Vaillant, qui, malgré les
fautes qui s'y trouvent, fera toujours regardé avec
raifon comme un Ouvrage excellent ; on ne me re-
prochera point d'avoir été chercher dans les autres
Ouvrages fur les médailles, celles qui ont été mal
lues ou mal expliquées, foit pour les expliquer autrement, foit uniquement pour relever les erreurs
ou méprifes de ceux qui les ont publiées, fans en
donner de meilleures interprétations. Quand j'ai relevé

quelques-unes de ces fortes de méprifes, ce n'a été qu'à l'occafion des connoiffances que me fournif-foient mes propres médailles que j'avois à expliquer. A l'égard des fautes qui me font échappées, je les avouerai toujours fans peine, comme je l'ai fait jufqu'à préfent, lorfqu'on me fera connoître que je me fuis effectivement trompé; & je trouverai en cela mon excu-fe, & même une forte de confolation en confidérant les fautes femblables où font tombés par le paffé, & dans le temps préfent, des Savants célebres, auxquels les foibles lumieres que je me connois, ne me per-mettent pas de me comparer en aucune maniere.

EXPLICATION

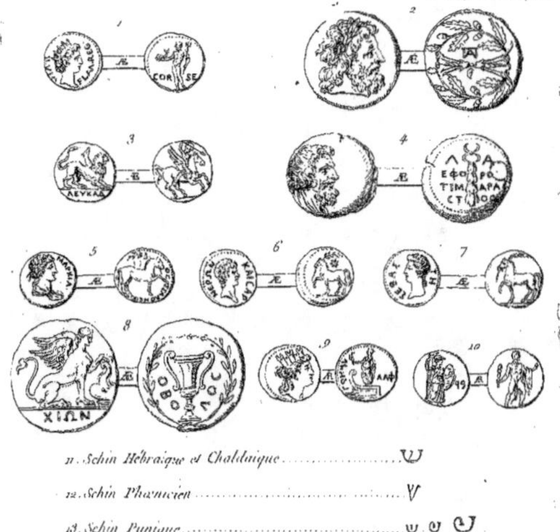

11. Schin Hébraïque et Chaldaïque .... ᴗ

12. Schin Phœnicien V

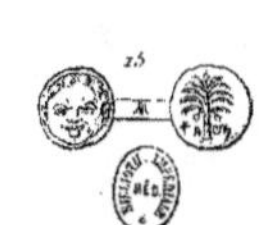

13. Schin Punique .... ᴗ ᴗ ᴗ

EXPLICATION de la Médaille rapportée dans le Cul-de-Lampe précédent.

UNE petite médaille d'or de Pixodare, Roi de Carie, qui m'eſt venue pendant qu'on imprimoit le préſent Supplément, m'ayant paru mériter d'être publiée, je la donne dans le précédent Cul-de-Lampe. On y lit ΓΙΞΩΔ du côté où eſt repréſenté Jupiter *Labradeus*, qui eſt le type ordinaire qu'on trouve ſur les médailles des Rois de Carie. Juſqu'à préſent on n'en avoit connu qu'en argent. Sur celle-ci, la tête qu'on y voit eſt celle d'Apollon repréſentée de profil & couronnée de laurier, au lieu que ſur les autres, c'eſt la tête du Soleil qui y eſt repréſentée en face. Cette médaille, qui eſt d'une très-belle conſervation, differe encore des autres par l'élégance de ſa fabrique; l'Ouvrier qui en a gravé les coins ayant, ſelon les apparences, employé tout ſon art à perfectionner ſon ouvrage relativement à la qualité de la matiere précieuſe pour laquelle ils étoient deſtinés. Céux qui voudront ſavoir ce qui eſt dit dans la fable au ſujet de Jupiter *Labradeus*, & dans l'Hiſtoire au ſujet des Rois de Carie, pourront voir ce qu'en ont rapporté Spanheim, *Diſſertation VIII*, *pag.* 517 *& ſuiv.* Sevin, *Mém. de l'Acad. Tom. IX*, *pag.* 144 *& ſuiv*, & la Baſtie, *Science des Méd. Tom. II*, *pag.* 329 *& ſuiv.* Les Médailles de ces Rois ne ſont pas toutes égale-

IV. SUPPLÉMENT.   P

ment rares. On n'en connoît qu'une d'Hecatomnus qui a été publiée par Beger. J'en ai plusieurs de Mauſſole, d'Hidrieus & de Pixodare. Il y en a une dans le Cabinet du Roi d'Orontopates ou Thonto-pates qui eſt regardée comme unique.

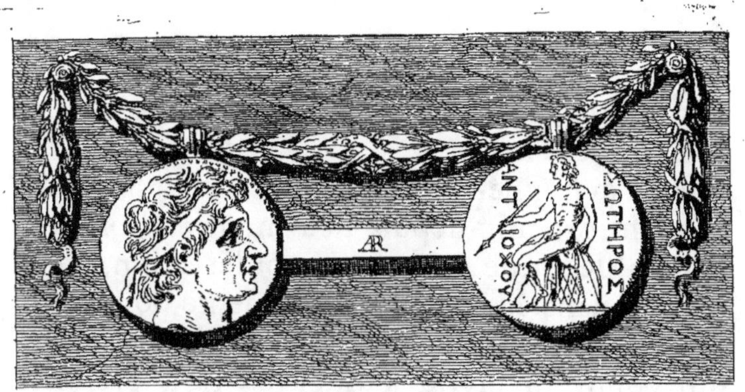

Le P. Frœlich a rapporté dans ſes Annales des
Rois de Syrie, imprimées à Vienne en 1744, un
médaillon d'argent d'Antiochus I, avec la légende ΣΩΤΗΡΟΣ. ΑΝΤΙΟΧΟΥ ; & le type d'A-
pollon aſſis, tenant un arc & une fleche. Il regardoit ce médaillon comme unique, & trouvoit avec raiſon que c'étoit un monument pré-
cieux, non-ſeulement en ce qu'il confirme ce
qui eſt dit dans Appien, que le titre de ΣΩΤΗΡ,
Sauveur, fut donné à Antiochus I, à l'occaſion
d'une victoire ſignalée qu'il avoit remportée ſur
les Galates, mais encore en ce qu'il ſert à faire
connoître quelles ſont les médailles qui appartiennent à ce Prince dans le grand nombre de
celles que l'on a des trois premiers Rois du
nom d'*Antiochus*, qui ont avec le même type
la légende ΒΑΣΙΛΕΩΣ ΑΝΤΙΟΧΟΥ ſans aucun

P ij

autre titre, & ne different les unes des autres que par les têtes.

M. Peyſſonnel, Conſul de France à Smyrne, m'ayant procuré depuis peu un médaillon tout ſemblable d'une très-belle conſervation, je le donne dans la Vignette précédente pour ceux qui n'auront pas les Annales du P. Frœlich, & qui voudront ſavoir auquel des trois premiers Antiochus doit être référée chacune des médailles qu'ils auront avec la légende ΒΑΣΙΛΕΩΣ. ΑΝΤΙΟΧΟΥ, & le type d'Apollon aſſis. On ne peut les diſtinguer qu'en confrontant les têtes. Les médailles où la tête ſe trouvera reſſembler à celle qui eſt ſur ce médaillon, pourront être attribuées ſûrement à Antiochus I. Il y eſt repréſenté d'un âge avancé, avec des traits de viſage ſi bien caractériſés qu'ils ne peuvent gueres avoir changé durant ſon regne, parce qu'il étoit effectivement déja âgé quand il ſuccéda à Séleucus I ſon pere. Le titre momentané de *Soter* lui fut donné dans la ſeptieme année de ſon regne qui fut de 19 ans, & il eſt dit dans l'Hiſtoire qu'il étoit vieux quand il mourut.

Les médailles d'Antiochus II, ſurnommé ΘΕΟΣ, peuvent être également bien reconnues par la confrontation des têtes avec celle du

Nᵃ. il y'a cependant quelques médaillons en argent d'Antiochus Soter I. dont les têtes ne ressemblent pas bien a celle qu'on voit sur celui qui a pour légende ΣΩΤΗΡΟΣ. ΑΝΤΙΟΧΟΥ. telles sont les médailles sur lesquelles il est représenté avec une aile au dessus de l'oreille, et celles qui ont le type d'Hercule au revers.

médaillon contenant une marque de sa con-
sécration que j'ai rapportée M. I, Pl. III, N°. 16,
où l'on peut voir ce que j'en ai dit page 133.

A l'égard des autres médailles qui avec des
têtes différentes ont la même légende ΒΑΣΙΛΕΩΣ
ΑΝΤΙΟΧΟΥ, & le même type d'Apollon assis,
quelque différence qu'il y ait dans les têtes,
elles doivent appartenir à Antiochus III, pour
lequel il en fut frappé une grande quantité
durant son règne, depuis l'âge de 15 ans qu'il
commença à régner, jusqu'à plus de 60 ans,
pendant lequel espace de temps il fut représenté
avec des traits de visage différents, tels quils
changent dans les hommes depuis l'enfance
jusqu'à la vieillesse. Il faut cependant observer
que dans le grand nombre qui s'en trouve de
cette sorte, il peut y en avoir dont la tête res-
sembleroit à celle de Séleucus II, lesquelles
appartiendroient en ce cas à Antiochus *Hierax*,
qui s'étant révolté contre Séleucus son frere,
avoit pris le titre de Roi en lui faisant la guerre.
J'en ai attribué une par cette raison à Antiochus *Hierax* dans mon Recueil de Médailles de
Rois, page 69, & depuis j'en ai trouvé d'autres
qui par la ressemblance dans les traits de visage
à celui de Séleucus II, paroissent devoir être

référées pareillement à Antiochus Hierax.

Après Antiochus III, les autres Rois de même nom n'employerent plus fur des médaillons en argent le type d'Apollon affis, avec la fimple légende ΒΑΣΙΛΕΩΣ. ΑΝΤΙΟΧΟΥ. Il eft vrai que Vaillant & le P. Frœlich d'après lui ont attribué un médaillon de cette forte à Antiochus IV ; mais je doute que ce foit fa tête qui y eft repréfentée. Je n'en connois point d'autres de ce Roi qu'avec le type de Jupiter affis, & la légende ΒΑΣΙΛΕΩΣ. ΑΝΤΙΟΧΟΥ. ΘΕΟΥ. ΕΠΙΦΑ-ΝΟΥΣ, auxquels titres celui de ΝΙΚΗΦΟΡΟΥ. fe trouve ajouté fur quelques-uns pour marque d'une victoire qu'il avoit remportée.

Explication de la Médaille suiv. d'Antigone, Roi de Judée.

Lorsque cette Médaille m'eſt tombée entre les mains, il ne me reſtoit plus à fournir à l'Imprimeur que la Table du préſent & du précédent Supplément. Elle m'a paru ſi ſinguliere, que j'ai cru devoir la publier. Je la préſente donc à la tête de cette Table ; mais avant que d'expoſer l'interprétation que je hazarde d'en donner, il me faut faire mention des autres médailles du même Roi, qui ont été déja publiées.

M. l'Abbé Barthélemy en a rapporté deux dans une Diſſertation curieuſe & ſavante, qui eſt imprimée dans les Mémoires de l'Académie, Tome XXIV. Il y en cite quelques autres qui avoient été publiées auparavant par divers Auteurs, dont les uns ont rapporté ces médailles à Antigone, Roi de Macédoine, & à Antigone, Roi d'Aſie, & les autres à Antigone, fils de Jean Hyrcan ; & après avoir diſcuté leurs ſentiments à cet égard, & rapporté ce que l'Hiſtoire nous apprend au ſujet d'Antigone, fils d'Ariſtobule, il fait voir par des raiſons convaincantes, que les médailles en queſtion appartiennent à ce dernier

Roi de la race des Princes Afmonéens. De ma part j'en ai auffi rapporté trois dans le Recueil de mes Médailles de Rois, Pl. XVI, & j'y ai obfervé que malheureufement toutes celles de ce Roi Antigone, qui étoient connues jufqu'alors, fe trouvoient mal confervées ; qu'aucune n'avoit fa légende entiere, & qu'on n'avoit encore pu découvrir que les mots *Kohen gadol*, qui fignifient *Sacerdos magnus*, dans le nombre de caracteres Samaritains qu'on y voit, les unes n'en contenant que trois ou quatre lifibles, & les autres fix ou fept au plus.

Sur cette médaille-ci vingt caracteres en compofent la légende qui eft entiere. Les cinq premiers me parurent d'abord former le nom de *Mathathias* que je lus du premier coup d'œil, & penfant que le refte de la légende pouvoit donner quelque nouvelle connoiffance intéreffante, je me fuis appliqué enfuite à la lecture des autres mots pour en découvrir la fignification, s'il m'étoit poffible. J'ai pour cet effet rendu en caracteres Hébraïques toutes les lettres Samaritaines de la légende. Celles qui font du côté gauche de la médaille, au nombre de dix, partent du bas des cornes d'abondance, & montent en tournant de maniere que les dernieres

de

de ces dix fe rabattent dans l'entre-deux des cornes : je les ai lues מחתיה.הכהנה. Paffant enfuite aux dix autres qui font du côté droit, & qui partant pareillement du bas des cornes d'abondance, montent à la partie fupérieure de la médaille, où fuivant les apparences la légende fe termine ; je les ai lues ב-טב צו יה גלה.

Quant à la fignification de ces mots en Hébreu ;

מחתיה. eft le nom de *Mathathias.*

הכהנה. fignifie *Sacerdotium.* Par ce mot il faut entendre le Pontificat uni à la Souveraineté.

כ-טב. Dans les Livres facrés, ces trois lettres font rendues par *juxta bonum.*

צו. fignifie *mandatum, præceptum,* de forte que כ-טבצו. fignifient *juxta bonum præceptum :* on peut les rendre auffi par *beneplacitum.*

יה. C'eft un des noms de Dieu, *Dominus, Deus.*

גלה. fignifie *tranfportavit.*

De la fignification de chacun de ces mots il réfulte que la légende peut être rendue littéralement par *Mathathias Sacerdotium juxta bonum præceptum Dei tranfportavit.* Antigone, dont le nom eft écrit en caracteres Grecs de l'autre côté de la médaille, faifoit entendre par

IV. Supplément.   Q

cette légende que c'étoit en qualité de defcen-
dant de Mathathias, & par le commandement
de Dieu qu'il étoit grand Prêtre, & en même
temps Roi de Judée, le titre de Roi ayant été
joint à celui de grand Prêtre fous les Princes
Afmonéens. Suivant la généalogie de ces Princes dont l'Hiftoire fait mention, Antigone defcendoit au cinquieme degré en droite ligne de
Mathathias, qui étoit regardé comme la tige &
le chef de leur race.

On pourra peut-être objeĉter que fur cette médaille il n'eft fait mention que du Sacerdoce, &
non duPontificat ni de la Souveraineté ; & queMa-
thathias, qui n'étoit que fimple Prêtre de la
claffe de Jehojarib, n'a pu tranfporter à fes hé-
ritiers des dignités qu'il n'avoit pas poffédées. Il
eft vrai qu'il étoit feulement Prêtre de cette
claffe, qui étoit la premiere des vingt-quatre
familles Sacerdotales, lorfqu'infpiré de Dieu il
entreprit avec fes cinq fils de s'oppofer par la
force des armes à la perfécution cruelle & inhu-
maine qu'Antiochus IV, Roi de Syrie, exerçoit
contre tous ceux qui profeffoient la Religion
Judaïque. Mais s'il ne prit pas le titre de *grand
Prêtre* ni celui de *Souverain*, il n'eft pas moins
vrai qu'il en fit les fonĉtions pendant le peu

d'années qu'il vécut enfuite , & qu'il les poffé-
doit effectivement quand avant que de mourir
il nomma Simon fon fils aîné , pour préfider au
Confeil & au gouvernement de la Nation à fa
place ; & Judas Maccabée , pour Commandant
général des armées. Il y a tout lieu de juger
qu'en même temps il inftruifit Simon que c'étoit
par la volonté de Dieu qu'il lui laiffoit , & à fes
defcendants , le Sacerdoce uni à la Souveraineté pour en jouir par eux comme il en avoit
joui lui-même. Cependant 4 ou 5 ans après , Simon jugea à propos de faire confirmer , pour
ainfi dire , le teftament de fon pere en fe faifant
reconnoître Souverain & grand Pontife dans une
Affemblée générale des Prêtres , des Anciens , &
de tout le peuple qui étoit à *Jérufalem*. Ces deux
titres lui furent décernés d'une voix unanime
pour lui & pour fes fucceffeurs à perpétuité. On
en dreffa un Acte qui fut mis dans les Archives
du Temple , & gravé fur des planches de cuivre
qu'on expofa à la vue dans le Sanctuaire. Après
Simon, le Pontificat & la Souveraineté pafferent
à fes defcendants pendant plufieurs générations ,
fans difficulté ni oppofition d'aucune part , jufqu'au temps où Ariftobule, fils d'Alexandre Jannée,
difputa le Pontificat & la Couronne à Hyrcan fon

frere aîné, & l'obligea à les lui céder trois mois après en avoir pris poffeffion. Il y avoit déja eu pourtant une guerre civile entre Alexandre & une partie de fes fujets qui s'étoient foulevés. Les troubles fe renouvellerent alors, & les Romains qui étoient devenus maîtres de la Syrie, profiterent de ces troubles pour étendre leur domination fur la Judée. Ils rétablirent Hyrcan dans fes précédentes dignités, firent mourir Ariftobule, & n'eurent aucun égard aux pourfuites d'Antigone, qui prétendoit que la Couronne lui appartenoit à plufieurs titres, & entre autres par la ceffion qu'Hyrcan en avoit faite à fon pere. Il parvint cependant, au moyen de ceux de fa nation qui lui étoient attachés, & avec le fecours des Parthes, à remonter fur le trône, en mettant Hyrcan hors d'état d'y revenir. Ce fut vraifemblablement dans ces circonftances qu'il fit frapper la préfente médaille par laquelle en y marquant que le Sacerdoce, c'eft-à-dire, le Pontificat uni à la Souveraineté lui étoit dévolu par droit de fucceffion & par la volonté de Dieu, il femble déclarer que ni fes fujets, ni aucune Puiffance du monde, n'étoit en droit de l'en priver. La formule dont nos Rois & les autres Princes Chrétiens fe fervent dans les Actes qu'ils paſſent , & qu'ils emploient quelquefois ſur leurs monnoies , en s'y diſant Rois & Princes *par la grace de Dieu* , reſſemble aſſez à la légende de notre médaille d'Antigone , où il dit que le Pontificat lui avoit été tranſmis *juxta bonum præceptum , vel beneplacitum Dei.*

Les autres médailles où il paroît qu'il a pris le titre de *Sacerdos magnus* , ont ſans aucun doute des légendes différentes , & elles different encore par leur petit module de celle-ci qui eſt fort épaiſſe & de moyen bronze.

Les obſervations qui me reſtent à faire touchant les caracteres Samaritains , & la diſpoſition de la légende qu'elle contient , ſont peu importantes. Je ne préſume pas qu'on puiſſe trouver qu'aucun de ces caracteres ait d'autre valeur que celle des caracteres Hébraïques que j'ai ſubſtitués à leur place dans la préſente explication. Le premier , qui eſt du côté droit , pourroit à la vérité être pris pour un *Lamed* ; auſſi-bien que pour un *Caph* ; mais en ſuppoſant qu'il y auroit ל-מכ au lieu de כ-מכ , la ſignification ſeroit toujours la même.

Le dernier caractere qui reſſemble à un *Aleph* tourné à contre-ſens , eſt un *Hé* , dont le petit trait tranſverſal inférieur n'a pas été alongé davantage par le Graveur, parce qu'ayant apparemment mal pris ses mesures, il n'auroit pu le prolonger sans le faire entrer dans l'autre *Hé* prochain qui avoit été gravé auparavant.

Il sembleroit aussi que le mot נלה *transportavit*, qui paroît être à la fin de la légende, auroit dû être placé plutôt après הכהנה *Sacerdotium*. Mais il se peut bien que la position de ce mot au haut de la médaille soit un effet du caprice de l'Artiste. Le reste de la légende est disposé aussi d'une façon extraordinaire. Le même défaut se rencontre sur plusieurs autres médailles Samaritaines. Sur quelques-unes de Simon, entre autres, les cinq lettres qui composent son nom, sont dispersées d'une maniere encore plus étrange, haut, bas & de travers, au lieu qu'elles sont mises de suite dans ses autres médailles.

Je finis en déclarant que je n'ai pas la présomption de prétendre que l'interprétation que je viens d'exposer soit absolument certaine & incontestable. Je ne la donne que comme une tentative hasardée par un homme qui est très-peu versé dans la langue Hébraïque, ainsi que je l'ai déjà avoué plus d'une fois. Par conséquent je ne ferai pas surpris qu'elle trouve des contradicteurs. Dans ce cas, je souhaite seulement qu'elle puisse servir à engager ceux qui ne la croiront pas bonne, à en donner une meilleure.

L'Imprimeur étoit à la derniere page du présent Supplément lorsque l'interprétation de la Médaille Samaritaine a été communiquée à un Littérateur qui s'est appliqué à l'étude de la langue Hébraïque & des Livres saints. Je vais exposer comment il a jugé que la Légende pouvoit être lue, en ne changeant pourtant rien au sens en ce qui concerne le Sacerdoce qui avoit été transporté par Mathathias à Simon son fils aîné. Il observe que Simon est surnommé dans la Vulgate *Thasi* [dans le Grec Θασσι & Θασσις]; qu'on sait combien les noms propres ont souffert de la main des Copistes; qu'il y a lieu de supposer que la vraie lecture est Θαβσυι ou Θαββουι *Tabsui*, & qu'on peut lire par conséquent מתתיה הכהנה לטבצוי הגלה. *Mathathias Sacerdotium Tabsui transtulit, id est, detulit filio suo qui cognominabatur Tabsui.* Il observe encore que Judas fut de même appellé *Maccabée*.

J'espere que celui qui m'a proposé cette explication, trouvera bon que je la joigne à la mienne. Si j'en savois quelques autres, je les rapporterois de même pour qu'elles pussent servir à la parfaite intelligence de la Légende Samaritaine en question.

FIN.

Je n'ai pas voulu marquer ce que j'pense de cette interprétation On pourroit peut être croire que je ne la combattrois que pour faire mieux valoir la mienne. il me semble cependant qu'il n'est pas probable ni vraisemblable que Simon ait été nommé sur la médaille en question. Pourquoi Antigone m'auroit il fait mention de lui après avoir nommé Mathathias d'equi lui étoit venu par succession le souverain pontificat? et comment peut-on prétendre que Simon y est appellé Thabsui, tandis que son nom propre a toujours été écrit Simon en caractères Samaritains, sur toutes les médailles que l'on a de ce Prince en grand nombre?

TABLE

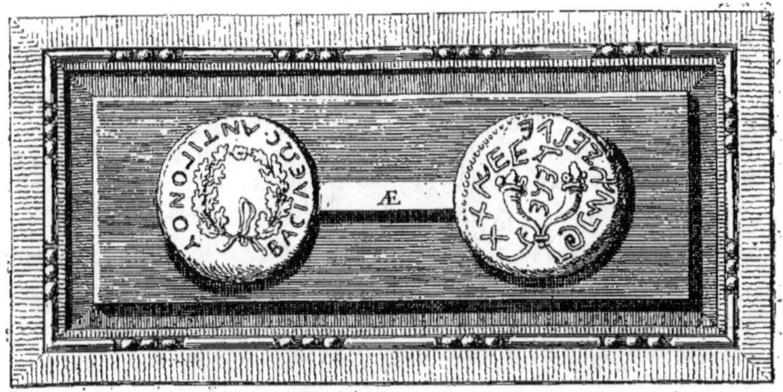

TABLE

Du troisieme & du quatrieme SUPPLÉMENT.

A.

IV. SUPPLÉMENT   R

FAUSTINE femme d'Antonin. Médaille grecque frappée à *Caftabala* en Cappadoce. S. III, 131.

G.

GALLIEN. Médaille d'argent qui a pour légende au revers S. P. Q. R. OPTIMO PRINCIPI. S. IV, 14.

Médailles du même Empereur en grand bronze frappées à *Theffalonique* en Macédoine. S. IV, 12.

GETA. Médaille frappée à *Pella*, colonie en Macédoine. S. IV, 9.

GORDIEN. Médaille grecque frappée à *Theffalonique* en Macédoine. S. IV, *ibid.*

H.

H, Caractere introduit par les Grecs dans l'écriture Phœnicienne. S. IV, 70, *& fuivantes.*

HADRIANOPOLIS en Thrace. Médaille grecque de cette ville. S. III, 101.

HADRIEN. Médaille de cet Empereur frappée à *Batrachus*, ville de la Marmarique. S. III, 125.

HERACLEA dans le Pont. Médaillon grec de cette ville. S. III, 81.

HERACLEA en Italie. Diverses médailles de cette ville, dont quelques-unes avoient été référées à l'*Héraclée* d'Acarnanie. S. III, 85 & 87.

HILEIA en Méfopotamie. Médaille attribuée à cette ville. S. III, 113. *Nota.* Il femble par fon type, qu'elle pourroit être plutôt de la ville d'*Athenes.*

HIPPONIUM en Italie. Médaille de cette ville qui a été attribuée mal à propos P. I. à la ville de *Sipuntum.* S. III, VII.

I.

ITALIA. Médailles d'argent où ce mot eft employé pour légende. S. III, 78.

L.

LACEDÆMON en Laconie. Médaille de cette ville frappée avec le nom d'un Ephore. S. IV, 43.

LESBOS. Médaille attribuée à quelqu'une des villes de cette ifle, laquelle a pour légende ΩONIKION. S. III, 107.

LEUCAS en Acarnanie. Médaille de cette ville. S. IV. 42.

M.

MAGEDDO en Paleftine. Médaille de cette ville en caracteres Phœniciens. S. IV, V.

MARC-AURELE. Médaille de cet

Médaille du même Empereur frappée dans la ville de *Callipolis* de la Cherſoneſe de Thrace. S. III, 120.

V.

UXENTUM en Italie. Médaille grecque de cette ville. S. III, 96.

Fin de la Table.

CORRECTIONS & ADDITIONS.

PAGE 6, *ligne* 17, 464; *liſez*: 474.

Page 82, *ligne* 9. Le ſecond caractere du mot Punique a été mal formé par le Graveur qui l'a figuré comme un *Beth* Phœnicien. C'eſt bien un *Beth*, mais un *Beth* Punique qui eſt d'une forme différente.

Page 91, *ligne* 8, ſituée; *liſez*: ſitué.

Page 105, *ligne* 22. Les ſept caracteres Phœniciens ou Puniques qui ſont repréſentés en petit dans cette ligne n'étant pas bien diſtincts, on peut les voir en grand dans les Lettres de M. l'A. B. & ce qu'il en dit, ſavoir le premier dans l'Inſcription de *Malte*, Pl. I. & page 7, de ſa Lettre de 1766. Le ſecond caractere dans les Médailles Nos. 3 & 4, Pl. IV. & page 41 de la même Lettre. C'eſt mal à propos que le troiſieme caractere a été mis ici au nombre de ceux qu'il a pris pour des *Hé*. Il en a fait un *Samech* après l'avoir pris pour un *Iod*. *Voyez* les Médailles Nos. 4 & 5, ſur la même Planche, & la page 43 pour le quatrieme caractere. Le cinquieme eſt le ſecond caractere du médaillon No. 2, dans ſa Lettre de 1763. Le ſixieme eſt le *Thau*, dernier caractere du Médaillon No. 3, dans la même Lettre. Le ſeptieme eſt le quatrieme caractere de la Médaille du No. 5, Pl. IV. de la Lettre de 1766.

APPROBATION.

J'AI lu, par ordre de Monseigneur le Chancelier, le Manuscrit qui a pour titre : *le Quatrieme & dernier Supplément aux six Volumes de Recueils des Médailles de Rois, de Villes, &c.* Je crois que ce dernier Supplément sera, comme les précédents, utile aux progrès des connoissances Numismatiques. A Paris ce 24 Octobre 1767.

BELLEY.

PRIVILEGE DU ROI.

LOUIS, par la grace de Dieu, Roi de France & de Navarre : A nos amés & féaux Conseillers les Gens tenants nos Cours de Parlement, Maîtres des Requêtes ordinaires de notre Hôtel, Grand-Conseil, Prévôt de Paris, Baillifs, Sénéchaux, leurs Lieutenans Civils, & autres nos Justiciers qu'il appartiendra, SALUT. Notre amé HIPPOLYTE-LOUIS GUERIN, Imprimeur & Libraire à Paris, Nous a fait exposer qu'il auroit entrepris d'imprimer un Livre intitulé : *Cornelii Taciti Opera ; cum Supplementis, Præfationibus, variis Prolegomenis, Emendationibus, Notis, Dissertationibus, & Indicibus ; ex recensione ac studio Gabrielis* BROTIER ; *Societatis Jesus,* en cinq volumes *in-quarto* ; mais attendu qu'un pareil Livre est nécessairement d'un long débit & d'une grosse dépense , il Nous fait supplier de vouloir bien , pour lui donner le moyen de continuer à entreprendre d'autres Ouvrages utiles au public, lui accorder nos Lettres de Privilege, tant pour l'impression dudit Livre intitulé *Opera Cornelii Taciti,* que pour les autres Livres ci-après énoncés , dont il a ci-devant imprimé plusieurs, & dont les Privileges sont prêts à expirer : A CES CAUSES , voulant favorablement traiter l'Exposant, reconnoître son zele, & exciter par son exemple d'autres Libraires & Imprimeurs à entreprendre des Editions dont l'usage puisse contribuer à l'avancement des Sciences, & au progrès des Belles-Lettres qui ont toujours fleuri dans notre Royaume, ainsi qu'à soutenir la Librairie & l'Imprimerie qui a été jusqu'à présent cultivée par nos sujets avec autant de succès que de réputation , Nous avons permis & permettons audit Exposant d'imprimer *Cornelii Taciti Opera , cum Supplementis, Præfationibus, Prolegomenis, Notis, Emendationibus, Dissertationibus, & Indicibus, ex recensione ac studio Gabrielis* BROTIER ; & d'imprimer ou réimprimer les Livres intitulés : *Recueils des Médailles de Rois, qui n'ont point encore été publiées, ou qui sont peu connues, &c. &c.* en tels, volumes, forme, marge & caracteres, conjointement ou séparément, & autant de fois que bon lui semblera, & de les vendre, faire vendre & débiter par tout notre Royaume pendant le temps de *douze années* consécutives, à compter du jour de la date des Présentes , & de l'expiration des précédents Privileges : Faisons défenses à tous Imprimeurs, Libraires & autres personnes, de quelque qualité & condition qu'elles soient , d'en introduire d'impression étrangere dans aucun lieu de notre obéissance ; comme auffi d'imprimer ou faire imprimer, vendre, faire vendre, ni débiter lefdits Livres en tout ou en partie, ni d'en faire aucuns extraits, fous quelque prétexte que ce foit, d'augmentation, correction, changement ou autres, fans la permiffion expreffe & par écrit dudit Expofant ou de ceux qui auront droit de lui, à peine de confifcation des exemplaires contrefaits, de trois mille livres d'amende contre chacun des contrevenants, dont un tiers à Nous, un tiers à l'Hôtel-Dieu de Paris, & l'autre tiers audit Expofant ou à celui qui aura droit de lui, & de tous dépens, dommages & intérêts; à la charge que ces Préfentes feront enregiftrées tout au long fur le Regiftre de la Communauté des Imprimeurs & Libraires de Paris dans trois mois de la date d'icelles; que l'impreffion defdits Livres fera faite dans notre Royaume & non ailleurs, en bon papier & beaux caractères, conformément aux Réglements de la Librairie; qu'avant de les expofer en vente, les Manufcrits ou Imprimés qui auront fervi de copie à l'impreffion defdits Livres, feront remis ès mains de notre très-cher & féal Chevalier Chancelier de France le Sieur DE LAMOIGNON, & qu'il en fera enfuite remis deux exemplaires de chacun dans notre Bibliotheque publique, un dans celle de notre Château du Louvre, un dans celle de notredit très-cher & féal Chevalier Chancelier de France le Sieur DE LAMOIGNON, & un dans celle de notre très-cher & féal Chevalier Garde des Sceaux de France le Sieur BERRYER : le tout à peine de nullité des Préfentes; du contenu defquelles vous mandons & enjoignons de faire jouir ledit Expofant & fes ayant caufes pleinement & paifiblement, fans fouffrir qu'il leur foit fait aucun trouble ou empêchement. Voulons que la copie des Préfentes, qui fera imprimée tout au long au commencement ou à la fin defdits Livres, foit tenue pour duement fignifiée, & qu'aux copies collationnées par l'un de nos aînés & féaux Confeillers-Secrétaires, foi foit ajoutée comme à l'original; commandons au premier notre Huiffier ou Sergent fur ce requis de faire pour l'exécution d'icelles tous Actes requis & néceffaires, fans demander autre permiffion, & nonobftant clameur de Haro, Charte Normande, & Lettres à ce contraires. CAR tel eft notre plaifir. DONNÉ à Paris le trentieme jour du mois de Décembre l'an de grace mil fept cent foixante-un, & de notre Regne le quarante-feptieme. Par le Roi en fon Confeil.

Signé, LE BEGUE.

Regiftré fur le Regiftre XV de la Chambre Royale & Syndicale des Libraires & Imprimeurs de Paris, N° 529, folio 245, conformément au Réglement de 1723. A Paris, ce 26 Janvier 1762. *Signé*, BAUCHE, *Adjoint.*

RECUEI
DE
MEDAIL
SUPLEME
TOM II

www.ingramcontent.com/pod-product-compliance
Lightning Source LLC
Chambersburg PA
CBHW061439060726
47597CB00002B/390